墨香财经学术文库

媒体关注的公司治理功能研究

Research on Corporate Governance Function of Media Attention

莫冬燕　著

东北财经大学出版社　大连
Dongbei University of Finance & Economics Press

图书在版编目（CIP）数据

媒体关注的公司治理功能研究 / 莫冬燕著. —大连 ：东北财经大学出版社，
2024.8. —（墨香财经学术文库）. —ISBN 978−7−5654−5368−7

Ⅰ.F276.6

中国国家版本馆 CIP 数据核字第 20242600XZ 号

东北财经大学出版社出版发行

大连市黑石礁尖山街 217 号　邮政编码　116025

网　　址：http：//www.dufep.cn

读者信箱：dufep @ dufe.edu.cn

大连永盛印业有限公司印刷

幅面尺寸：185mm×260mm　字数：165 千字　印张：10.25　插页：1

2024 年 8 月第 1 版　　　　2024 年 8 月第 1 次印刷

责任编辑：李　彬　赵　楠　　责任校对：贺　力

封面设计：原　皓　　　　　版式设计：原　皓

定价：58.00 元

本书获得辽宁省社会科学规划基金项目"高质量发展下辽宁省韧性资本市场建设研究"（项目编号：L19BJY021）、东北财经大学出版基金资助。

作者简介

　　莫冬燕，管理学（会计学）博士，毕业于中国人民大学。现任东北财经大学会计学院副教授、硕士生导师，入选辽宁省百千万人才工程、大连市高层次人才工程。主要研究领域：财务会计、公司治理、内部控制等。主持国家自然科学基金、中国博士后面上资助项目、辽宁省社会科学规划基金、辽宁省财政科研基金重点项目、辽宁省基本科研项目等课题十余项。在SSCI、CSSCI等来源期刊公开发表学术论文三十余篇，多篇论文被人大复印资料与国研网全文转载，多次获得辽宁省自然科学学术成果奖等。主讲课程"最新企业会计准则解读"被评为大连市专业技术人员知识更新精品课程，主讲课程"会计学"被评为辽宁省一流本科课程，获得辽宁省教学成果特等奖。

前　言

在中国资本市场上，上市公司的财务造假事件屡有出现，内部控制存在缺陷、大股东侵占中小股东利益事件屡禁不止，低价揽客或审计意见购买严重损害审计可信度。目前，除了通过法律规范等正式制度来提高公司治理水平外，为规范上市公司运作，中国证券监督管理委员会在制定的一系列监管政策中，特别强调要加强媒体的作用。因此，媒体关注能否发挥公司治理作用以及在哪些维度发挥作用值得探究。

在互联网时代，媒体作为传递信息的媒介发挥着重要的作用，不仅掌握着丰富的信息来源，而且对企业的经营管理产生了重要影响。媒体具有影响力大、传播速度快、覆盖面广的特性，既可以宣传塑造良好的公司形象，也可以揭露公司内幕和丑闻，促进公司加强内部控制和公司治理，成为对上市公司进行外部监督的一种特殊力量。近些年来，媒体作为一种新兴的外部治理机制，其是否发挥了公司治理功能，已成为学术界与实务界争论的热点话题。"安然"会计丑闻、"银广夏"事件等众多案例表明，媒体在曝光上市公司会计舞弊、企业社会责任履行以及投资者权益保护等问题上，起到了重要的监督作用，对公司行为和公司治理都产生了重要影响。从公司治理的角度而言，媒体监督实际上是媒体在发挥公司治理功能。国外学者大多认为媒体具有公司治理功能，分别从董事会决策、高管薪酬、企业社会责任、企业并购行为等方面研究后发现，媒体报道可以显著改善公司治理水平。

在新兴资本市场上，媒体是有效弥补司法保护不足的一项重要制度安排。基于我国上市公司样本数据，国内学者的研究提供了媒体在转型国家发挥公司治理功能方面的经验证据，综合考察了媒体对我国上市公司生产效率、盈余操纵行为、企业社会责任水平、关联交易行为、公司价值等方面的影响。有研究表明，虽然媒体报道存在一定偏差，但媒体对我国上市公司各个层面的公司行为都发挥了积极的监督功能。此外，还有学者的研究从盈余管理、投资者保护、审计定价等方面获得了媒体发挥公司治理功能的实证证据。

随着现有研究对媒体治理功能的越发倚重，一些学者提出不应"神化"媒体的治理功能，探讨了法治与"媒治"的并存现象，认为"媒治"其实是对法治的否定；媒体只是通过营造轰动效应以满足受众需求，媒体其实并不关心公司的治理问题；媒体报道对公司治理的改善并没有实质性的作用；媒体监督并不意味着媒体发挥了治理功能。

从现有实践来看，无论是有意抑或无意为之，媒体对企业违规行为都起到了一定的斧正作用，有助于公司治理的不断完善；从媒体治理的理论背景来看，媒体治理论与媒体有偏论的交锋，在某种程度上表明媒体治理功能的作用机理仍不清晰，媒体在公司治理中的角色、地位、作用机制方面的国内外文献目前仍较为匮乏，尤其在我国，媒体治理的相关研究近几年才出现，主要从单一视角分析媒体关注与公司治理的关系，对于媒体类型、媒体报道倾向等因素考虑还不够全面，也未深入探讨媒体关注对公司治理的动态影响，这可能是媒体关注对公司治理的作用没有得出一致研究结论的原因。本书在已有研究的基础上，从内部控制、会计信息、代理成本与审计定价维度进一步深入、系统地研究媒体关注的公司治理功能，为进一步推进公司治理和规范媒体报道提供参考。

利用中国上市公司的经验数据，本书得出的主要研究结论为媒体关注确实会通过影响内部控制有效性和会计信息质量发挥其公司治理作用。除此之外，基于对媒体关注作用的进一步分析，本书还发现媒体关注可以显著降低企业双重代理成本，但媒体关注也会因其增加了审计师面临的风险而导致较高的内部控制审计定价。具体而言，第一，媒体关注通过提升企业内部控制有效性发挥公司治理作用。这种对内部控制有效性的提升作用主要出现在企业生命周期的成长期与成熟期。随着互联网技术的不断发展，媒体形式也在不断更新，新兴媒体形式如微信等同样会对内部控制有效性产生显著影响，从而发挥公司治理作用。在对媒体报道的倾向进行区分之后，本书发现媒体的负面报道倾向会显著影响企业内部控制缺陷的修正。依赖行政干预的完全中介作用，媒体负面报道对上市公司的内部控制缺陷修正具有促进作用。第二，媒体关注通过影响会计信息质量发挥公司治理作用。首先，通过对媒体的类型进行区分，本书实证检验了不同类型的媒体对上市公司财务重述的抑制作用后发现，相比于报纸媒体，微信媒体对上市公司财务重述的抑制作用更强；同为报纸媒体，政策导向性的报纸媒体比市场导向性的报纸媒体对上市公司财务重述的抑制作用更强。其次，媒体关注还会影响企业的盈余管理活动，包括应计项目盈余管理和真实活动盈余管理。这主要是因为媒体关注会给企业带来压力，从而使管理层为满足市场对盈余的预期而进行盈余管理。这一结果支持了市场压力假说。最后，微信媒体关注可以显著降低企业双重代理成本，但媒体关注亦会导致较高的内部控制审计定价。除了影响企业内部控制有效性与会计信息质量，微信媒体关注还可以显著降低上市公司的第一类和第二类代理成本，缓解股东与管理层、大股东与中小股东之间的代理冲突，减少大股东对上市公司利益的侵占，以及管理层的消极工作和在职消费支出。此外，媒体关注会导致较高的内部控制审计定价，因为媒体对上市公司的关注在一定程度上增加了审计师的审计风险，这使得审计师出于对风险溢价的考虑而要求更高的内部控制审计定价。

本书基于我国资本市场这一特殊的制度背景，综合运用多种研究方法从内部控制、会计信息、代理成本、审计定价维度系统深入探究媒体关注的公司治理功能，并进一步比较传统媒体与新兴媒体、媒体正面报道与负面报道、政策导向媒体与市场导向媒体对公司治理问题的作用差异，有助于更为全面、准确认识与评价媒体这一外部公司治理机制的功能，具有极为重要的理论意义与实践价值。第一，本书的研究丰富了媒体治理的理论研究，有助于理论界进一步深入挖掘媒体在公司治理中的重要作用，为法律外制度公司治理角色的研究提供基于中国上市公司的经验证据。具体而言，本书探索性研究微信这一新兴媒体对内部控制有效性、财务重述行为与代理成本的影响，并进一步比较传统媒体与新兴媒体在治理公司问题上的功能差异，在一定程度上为研究公司治理理论提供了新视角，有助于补充现有文献关于新兴媒体关注公司治理功能研究的不足；将媒体报道细分为正面报道和负面报道，尤其是探究了媒体负面报道对于公司内部缺陷的修正作用，以及正面报道和负面报道对于企业盈余管理活动的影响，丰富了现有媒体治理功能的研究结论；在研究媒体关注对上市公司财务重述、盈余管理活动等行为的影响时，探讨了不同类型媒体的作用，这样可以更准确地评价媒体关注的治理功能，为解决现有理论争议提供进一步的研究证据。第二，媒体作为法律制度外的一种重要制度安排，对完善我国企业的公司治理问题具有极强的现实意义：对企业而言，媒体作为企业的外部监督治理机制，有助于督促企业完善内部公司治理结构、规范企业经营管理行为，对我国企业有效建设与实施内部控制、提升会计信息质量、降低代理成本、合理进行审计定价、提升公司治理水平等都有极其重要的现实意义。对投资者而言，媒体在解决广大投资者与公司之间的信息不对称和对公司监督问题上发挥着不可替代的作用，媒体披露的公司信息与投资者利益息息相关。研究媒体关注对内部控制有效性、会计信息质量、代理成本与审计定价的影响，不仅有助于投资者更好地了解公司行为，促使投资者采取"以脚投票"的方式来影响公司治理的各项制度安排，更有助于投资者提高其决策准确性，保护投资者的切身权益。对监管者而言，寻求媒体等法律外制度的公司治理角色对约束经理人在职消费、减少控制权私人收益等具有十分重要的意义。有研究将上市公司的监管方式划分为董事会、证券市场参与者、媒体、行政监管、司法诉讼。其中，越靠前的监管方式作用越直接、"纠错"效果越明显；越靠后的监管方式"补救"性质越强，因而研究媒体关注对内部控制、会计信息、代理成本与审计定价的作用机理，更有助于监管部门认清媒体监督的传导路径，促使监管层采取措施约束上市公司的不当行为，为监管部门制定相关监督管理办法提供决策参考，从而提高对证券市场的监管水平。

本书的积极探索和创新之处体现在如下方面：一是系统性地从内部控制、会计信息、代理成本与审计定价维度研究媒体关注的公司治理功能，而且每个维度下面又进一步细分为不同的视角，可以更为全面有机地认识与评价媒体关注的公司治理功能，为解决现有研究关于媒体关注公司治理功能的争议提供进一步的证据。二是探索性研究微信这一新兴媒体对内部控制、会计信息、代理成本等维度的重要公司问题能否发挥积极的治理作用，以及发挥了何种程度的治理功能。在此基础上，进一步比较以微信为代表的新兴媒体与以报纸为代表的传统媒体之间的公司治理功能差异。一方面弥补了现有研究关于新兴媒体关注公司治理功能研究的不足，另一方面还可以为如何发挥媒体在公司治理方面的积极作用提供参考。三是考察媒体关注对公司治理功能的异质性影响，主要比较媒体正面报道和负面报道、政策导向媒体和市场导向媒体对内部控制、会计信息、代理成本与审计定价的差异影响。研究发现，相对于媒体正面报道而言，媒体负面报道更能发挥公司治理功能；相对于市场导向型媒体关注而言，政策导向型媒体关注更能发挥公司治理功能。四是创新性地从审计定价角度探讨媒体关注的公司治理功能，研究发现媒体对上市公司的关注度越高，内部控制审计定价越高，但并不是对审计成本的弥补而是对审计风险溢价的获取。这一发现有助于监管机构合理确定会计师事务所的审计收费标准，规范事务所的行为，引导审计市场健康发展。

作　者

2024年5月

目　录

1 绪论

媒体关注能否在中国资本市场上发挥公司治理功能还存在一些争议。鉴于此，本书在已有研究基础上从内部控制、会计信息、代理成本与审计定价维度系统、深入探究媒体关注的公司治理功能。此部分主要阐述研究背景与研究意义，总结研究目标与研究内容，以及采用哪些科学合理的研究方法实现本书的研究目标，最后总结提炼本书的创新点。

1.1 研究背景

在中国资本市场上，上市公司的财务造假事件时有发生，屡禁不止，从2001年的琼民源、银广夏到2011年的紫鑫药业、万福生科等，不一而足。由于造假手段、内部控制状况和曝光方式等方面存在诸多相似之处，媒体将这段时间戏称为"财务造假的十年轮回"。2015年，中国资本市场上甚至还出现了首家上市公司"不保证年报真实"的奇葩事件。这些事件均表明上市公司的治理出现了一定的问题，损害了上市公司声誉，也严重打击了投资者的信心，制约了证券市场资源配置功能的优化。针对这些问题，如何提高公司治理水平成为本书关注的焦点。目前，除了通过法律规范等正式制度来提高公司治理水平外，为规范上市公司运作，中国证券监督管理委员会在当前制定的一系列监管政策中，还特别强调要加强媒体的作用。因此，媒体关注能否发挥公司治理功能以及在哪些维度发挥作用值得探究。

在互联网时代，媒体作为传递信息的媒介发挥着重要的作用，不仅掌握着丰富的信息来源，而且对企业的经营管理产生了重要影响。由于具有影响力大、传播速度快、覆盖面广的特性，媒体既可以宣传塑造良好的公司形象，也可以揭露公司内幕和丑闻，促进公司加强内部控制和公司治理，因此成为对上市公司进行外部监督的一种特殊力量。其中，最受大众关注的例子是美国的安然事件，《财富》杂志对安然公司股价的质疑引起了社会公众的关注，随着调查的不断深入，最终揭露了安然公司会计造假的真相。而在我国，媒体也在上市公司的外部监督方面发挥着不容忽视的作用，《东方早报》对"三鹿"奶粉含有三聚氰胺的报道引发了社会对乳制品行业产品质量的质疑和监管部门的深入调查，最终导致了行业性危机，但同时使得乳制品企业加大了对产品质量的重视程度。此外，"葛兰素史克行贿""银广夏财务造假"等事件在众多媒体的追踪和相关部门的监督下，不仅导致相关企业和管理层被追究法律责任，而且对涉及的企业和行业的经营业绩和法律法规监管力度都产生了重要影响。

近些年来，媒体对上市公司违规行为、财务舞弊、内部控制缺陷等现象的高度关注，不仅逐渐引起了学者们对内部控制有效性、会计信息质量等重要问题的关注，也成为学术界与实务界争论的热点话题（Tetlock，2007；Bushee 和 Goodman，2007；Hirshleifer 等，2009；Tetlock，2011）。"安然"会计丑闻、"银广夏"事件等众多案例表明，媒体在曝光上市公司会计舞弊、企业社会责任履行以及投资者权益保护等问题上，起到了重要的监督作用，对公司行为和公司治理都产生了重要影响。从公司治理的角度而言，媒体监督实际上是媒体在发挥公司治理功能中的一种重要表现形式（Dyck 等，2008）。国外学者大多认为媒体具有公司治理功能，如 Gorman 等（2009）、Joe 等（2009）、Besiou 等（2010）、Kuhnen 和 Niessen（2012）、Liu 和 Mcconnell（2013）等分别从董事会决策、高管薪酬、企业社会责任、企业并购行为等方面研究发现，媒体报道可以显著改善公司治理水平。

在西方国家，媒体被誉为"第四方权力"，在新兴资本市场上，媒体更是有效弥补司法保护不足的一项重要制度安排。基于我国上市公司样本数据，国内学者李培功和沈艺峰（2010）提供了媒体在转型国家发挥公司治理功能方面的经验证据。综合考察媒体对我国上市公司生产效率、盈余操纵行为、企业社会责任水平、关联交易行为、公司价值等方面的影响，孔东民等（2013）的研究也表明，虽然媒体报道存在一定偏差，但媒体对我国上市公司各个层面的公司行为都发挥了积极的监督治理功能。此外，于忠泊等（2011）、权小锋和吴世农（2012）、张建平和余玉苗（2013）、陈红等（2014）的研究也从盈余管理、投资者保护、审计定价等方面获得了媒体发挥公司治理功能的实证证据。

随着现有研究对媒体治理功能的越发倚重，也有一些学者提出不应"神化"媒体的治理功能，如陈力丹和陈雷（2011）理论探讨了法治与"媒治"的并存现象，认为"媒治"其实是对法治的否定；Core 等（2008）认为媒体只是通过营造轰动效应以满足受众需求，其实并不关心公司的治理问题；贺建刚等（2009）通过案例研究认为媒体报道对公司治理的改善并没有实质性的作用；杨德明和赵璨（2012）提出媒体监督并不意味着媒体发挥了治理功能。

从现有实践来看，无论媒体是有意抑或无意为之，其对企业违规行为起到了一定的斧正作用，有助于公司治理的不断完善；从媒体治理的理论背景来看，媒体治理论与媒体有偏论的交锋，在某种程度上表明媒体治理功能的作用机理仍不清晰，媒体在公司治理中的角色、地位、作用机制的国内外文献目前仍较为匮乏（杨继东，2007），尤其在我国，媒体治理的相关研究近几年才刚刚涌现，主要从单一视角分析媒体关注与公司治理的关系，对于媒体类型、媒体报道倾向等因素的考虑还不够全面，也未深入探讨媒体关注对公司治理的动态影响，这也可能是媒体关注对公司治理的作用没有得出一致研究结论的原因。本书在已有研究的基础上，进一步深入、系统研究媒体关注对公司治理的作用，为推进公司治理和规范媒体报道提供参考。

1.2 研究意义

媒体作为重要的外部治理机制，已经逐渐引发学者们的关注。国内外学者对法律外制度公司治理角色的系统理论研究与实证检验才刚刚兴起，目前尤为缺乏基于我国资本市场的相关证据（Allen 等，2005）。本书基于我国资本市场这一特殊的制度背景，综合运用多种研究方法从内部控制、会计信息、代理成本、审计定价维度系统，深入探究媒体关注的公司治理功能，并进一步比较传统媒体与新兴媒体、媒体正面报道与负面报道、政策导向媒体与市场导向媒体对公司治理问题的作用差异，有助于更为全面、准确认识与评价媒体这一外部公司治理机制的功能，具有极为重要的理论意义与实践价值。

1.2.1 理论意义

本书的研究丰富了媒体治理的理论研究，有助于理论界进一步深入挖掘媒体在公司治理中的重要作用，为法律外制度公司治理角色的研究提供基于中国上市公司的经验证据。

（1）现有文献主要关注传统媒体的公司治理功能，本书结合目前人们获取信息的方式，将研究对象集中在新兴媒体上。例如，本书探索性研究微信这一新兴媒体对内部控制有效性、财务重述行为与代理成本的影响，并进一步比较传统媒体与新兴媒体在治理公司问题上的功能差异，在一定程度上为研究公司治理理论提供了新视角，而且有助于补充现有文献关于新兴媒体关注公司治理功能研究的不足。

（2）媒体为了更好地在竞争中发展，报道时往往具有一定的倾向性，以往的研究对于媒体报道倾向性的细分不够，很少探究媒体正负面报道对于公司治理功能的差异影响。本书在研究时将媒体报道细分为了正面报道和负面报道，尤其是探究了媒体负面报道对于公司内部缺陷的修正作用，以及正面报道和负面报道对于企业盈余管理活动的影响，丰富了现有媒体治理功能的研究结论。

（3）按照主办方不同可以进一步将媒体划分为政策导向和市场导向两类，而且竞争压力与报道行为很大程度上受主办方的影响，进而影响其公司治理功能的发挥。然而，现有文献很少对媒体类型进行区分研究，本书在研究媒体关注对上市公司财务重述、盈余管理活动等行为的影响时，探讨了不同类型媒体的作用，这样可以更准确地评价媒体关注的治理功能，为解决现有理论争议提供研究证据。

1.2.2　实用价值

尽管我国的法治化进程不断加快，但现阶段我国投资者权益的法律保护环境仍比较薄弱，媒体作为法律制度外的一种重要制度安排，对完善我国企业的公司治理问题将有着举足轻重的意义，具体如下：

（1）对企业而言，媒体作为企业的外部监督治理机制，有助于督促企业完善内部公司治理结构、规范企业经营管理行为，对我国企业有效建设与实施内部控制、提升会计信息质量、降低代理成本、合理进行审计定价、提升公司治理水平等都有极其重要的现实意义。

（2）对投资者而言，媒体在解决广大投资者与公司之间的信息不对称和在对公司监督问题上发挥着不可替代的作用，媒体披露的公司信息与投资者利益息息相关。研究媒体关注对内部控制有效性、会计信息质量、代理成本与审计定价的影响，不仅有助于投资者更好地了解公司行为，促使投资者采取"以脚投票"的方式来影响公司治理的各项制度安排，更有助于投资者提高其决策准确性，保护投资者的切身权益。

（3）对监管者而言，寻求媒体等法律外制度的公司治理角色对约束经理人在职消费、减少控制权私人收益等具有十分重要的意义。陈志武（2005）将上市公司的监管方式划分为董事会、证券市场参与者、媒体、行政监管、司法诉讼。其中，越靠前的监管方式作用越直接、"纠错"效果越明显；越靠后的监管方式"补救"性质越强，因而研究媒体对内部控制、会计信息、代理成本与审计定价的作用机理，有助于监管部门认清媒体监督的传导路径，促使监管层采取措施约束上市公司的不当行为，为监管部门制定相关监督管理办法提供决策参考，并提高对证券市场的监管水平。

1.3　研究目标与研究内容

1.3.1　研究目标

媒体作为一种非正式制度被视为独立于立法、行政和司法以外的"第四方权力"，本书从不同角度全面认识媒体关注的公司治理功能，主要实现以下目标：

（1）良好的内部控制对企业的经营管理产生重要影响。本书是在以往研究的基础上，探究媒体关注能否对内部控制有效建设与实施产生效用。首先考察企业的生命周期是否会影响媒体对于企业的关注，进一步分析媒体关注对处于不同生命周期企业的内部控制有效性是否会存在差异影响；其次探讨微信这个新兴媒体是否会对企业内部控制产生有利影响；最后选取存在内部控制缺陷的上市公司，探讨媒体负面报道对上市公司内部控制缺陷修正的影响及其机理。

（2）完善的会计信息质量是保证投资者利益和资本市场健康发展的必要条件。本书基于以往的研究，探究媒体关注能否完善企业会计信息质量。首先检验不同类型媒体对上市公司财务重述的影响，选取微信媒体作为研究对象，探讨新兴媒体对于资本市场的作用，并由此提供相关合理建议；其次从企业盈余角度出发，探讨媒体关注是一种有效的市场监督，还是给予企业压力，迫使企业进行应计盈余管理，甚至是损害企业长期价值的真实活动盈余管理，由此对媒体关注这一非正式的治理机制提出了更高的要求。

（3）以往文章研究得出内部治理机制难以解决代理问题，本书是在目前的研究基础上探讨媒体关注这一外部治理机制是否可以解决代理问题，这样可以为解决代理问题提供新的思路。

（4）检验媒体这一非正式制度对内部控制审计定价的影响及其内在机理，借此讨论与评价内部控制审计定价问题，基于此揭示内部控制审计定价规律，这样可以给会计师事务所和监管机构提供有益建议。

1.3.2 研究内容

本书由7章构成，分为基础理论、实证分析、结论与建议三大部分。其中，第1章与第2章属于基础理论部分；第3章、第4章、第5章与第6章属于实证分析部分；第7章属于结论与建议部分。具体阐述如下：

第一部分，基础理论。第1章为绪论，首先阐述本书的选题背景与研究意义；其次梳理与评述现有研究关于媒体关注公司治理功能的争议，为后文的研究提供理论基础；再次提炼本书的研究目标、研究内容与研究方法；最后总结本书的积极性探索和创新。第2章为相关概念与理论基础，该部分主要对本书涉及的关键性概念进行界定，梳理媒体关注公司治理功能的维度，阐述媒体关注公司治理功能的作用机制。基础理论部分为后文的实证分析奠定了理论基础。

第二部分，实证分析。根据第一部分基础理论部分界定的媒体关注的维度，分别探究其在公司治理中所发挥的功能。第3章主要实证分析媒体关注对内部控制有效性的影响，首先从生命周期视角动态考察媒体关注对处于不同生命周期的上市公司内部控制有效性的影响是否存在差异；其次从内部控制目标角度考察中国本土情境下媒体关注对于内部控制有效性是否存在差异影响；最后考察媒体关注是否能够促进内部控制缺陷的修正进而提升内部控制有效性。第4章主要实证分析媒体关注能否抑制财务重述与盈余管理行为，进而从会计信息质量角度认识与评价媒体关注的公司治理功能。第5章主要考察媒体关注对于第一类和第二类代理成本是否有抑制作用，并进一步考察对于民营企业的投资不足与国有企业的投资过度是否存在影响，从而论证媒体关注的公司治理功能。第6章考察媒体关注能否影响内部控制审计定价及其影响路径，从审计定价规律角度来认识与评价媒体关注的公司治理功能。实证分析部分属于本书的核心内容。

第三部分，结论与建议。根据第二部分的实证分析提炼本书的研究结论并从企业、投资者、监管部门等利益相关者角度提出针对性建议。同时，结合现有研究对未来相关学术研究进行展望。

1.4 研究方法

本书综合采用文献研究法、规范研究法与实证研究法等方法对研究问题进行分析与论证。具体阐述如下：

（1）文献研究法。检索与媒体治理功能相关的文献并进行梳理与评述，掌握国内外的研究现状，一方面寻找本书研究的关键问题和突破点；另一方面为本书提供研究的理论基础。

（2）规范研究法。结合相关理论，通过归纳演绎法提出本书第3章、第4章、第5章和第6章的研究假设，为后文的实证检验提供合理的理论依据。同时，结合这几章的实证检验结果，归纳研究结论，并提出针对性建议。

（3）实证研究法。主要选取沪深两市A股上市公司为研究样本，运用面板数据、三阶段最小二乘法、工具变量法等经典的计量经济学方法对媒体关注能否从内部控制、会计信息、代理成本与审计定价维度发挥公司治理功能进行实证检验，并进行稳健性检验。最后根据实证分析得出的结论提出针对性建议。

1.5 研究创新

本书的积极探索和创新之处如下：

（1）系统性地从内部控制、会计信息、代理成本与审计定价维度研究媒体关注的公司治理功能，而且每个维度下面又进一步细分不同的视角，研究发现可以更为全面有机地认识与评价媒体关注的公司治理功能，为解决现有研究关于媒体关注公司治理功能的争议提供进一步的证据。

（2）探索性研究微信这一新兴媒体对内部控制、会计信息、代理成本等维度的重要公司问题能否发挥积极的治理作用，以及发挥了何种程度的治理作用。在此基础上，进一步比较以微信为代表的新兴媒体与以报纸为代表的传统媒体之间的公司治理功能差异。一方面弥补了现有研究关于新兴媒体关注公司治理功能研究的不足，另一方面还可以为如何发挥媒体在公司治理方面的积极作用提供参考。

（3）考察媒体关注对公司治理功能的异质性影响，主要比较媒体正面报道和负面报道、政策导向媒体和市场导向媒体对内部控制、会计信息、代理成本与审计定价的差异影响。研究发现，相对于媒体正面报道而言，媒体负面报道更能发挥公司治理功能；相对于市场导向媒体关注而言，政策导向媒体关注更能发挥公司治理功能。

（4）创新性从审计定价角度分析媒体关注的公司治理功能，研究发现媒体对上市公司的关注度越高，内部控制审计定价越高，但并不是对审计成本的弥补而是对审计风险溢价的获取。这一发现有助于监管机构合理明确会计师事务所的审计收费标准，规范事务所的行为，引导审计市场健康发展。

2 相关概念与理论基础

2.1 相关概念

媒体作为一种传播信息的媒介，通常来说，是用于传递和获取信息的工具。一般来说，媒体的功能可以分为两类：一是作为传播信息的载体，二是作为存储、展示、处理信息的实体。目前常见的媒体主要包括网络媒体、电视、报纸、杂志等。按照不同的分类方式，媒体可以划分为不同类型：（1）按照传播方式的不同可将其分为传统媒体、户外媒体、新媒体等。传统媒体指报纸、电视、广播和杂志等。而当下传播速度最快、传播范围最广的当属新媒体中的网络平台，例如微信。（2）按照媒体主办单位的不同又可以将其分为政策导向媒体和市场导向媒体。

国内外学者对媒体关注度的衡量方法主要分为两种方式：一是网络搜集；二是报纸搜集。随着无线网络的普及和互联网技术的快速发展，网络新闻的自由性、及时性和便捷性使得其受到大众的青睐，成为利益相关者了解上市公司相关信息的主要途径。逯东等（2015）通过使用国内著名的新闻搜索引擎——百度新闻搜索引擎（https：//news.baidu.com）进行高级搜索，对标题中含有公司简称的报道进行分年度检索，将输出的新闻报道条数作为媒体关注度的衡量指标。陈华等（2015）将通过百度新闻搜索引擎搜索得到的相关企业的新闻网页数作为衡量媒体关注度的指标。报纸搜集则主要通过中国知网中的"中国重要报纸全文数据库"完成。仲秋雁和石晓峰（2017）使用中国知网中的"中国重要报纸全文数据库"，根据股票名称分年度检索，人工搜集有关上市企业的年度新闻报道数作为媒体关注度数据。

媒体通过对社会现象进行挖掘、包装和报道，进而对被报道对象和社会公众产生影响。理论上，媒体如果能对信息使用者产生影响，主要是通过其新闻报道的环节，而挖掘、包装环节只是为了能够更好地报道事情的原委，其目的是报道。本书主要是研究报纸媒体如何通过其报道对公司治理产生影响，并通过媒体报道次数来衡量媒体对公司报道的程度，报道次数越多，媒体对上市公司的关注度越高。由于媒体在公司治理中的作用主要是通过其报道来体现，因此，在后文中对于媒体和媒体关注不作刻意区分，视为相同概念。由于媒体可能在公司治理中发挥作用，使得媒体具有一种公司治理功效，因此也称这种治理方式为媒体治理。

2.2 媒体治理功能的争议

1993年，学术界首次出现了有关媒体作用的相关研究。当前，网络技术发展与基础设施建设催生的新媒体使得媒体的作用越来越受到重视，逐渐成为研究领域的一个热点。Pistor 和 Xu（2005）认为，法律制度与社会网络等法律之外的制度相比，后者在保护投资者的过程中，起着更主要的作用，法律制度完全发挥保护投资者的作用还有很长的路要走。借鉴西方的研究结果，中国学者逐渐开始重视媒体在资本市场上的重要作用。近年来，媒体对微观企业的公司治理作用已成为我国会计领域的研究热点。但是目前理论界关于媒体关注能否发挥公司治理功能还存在争议，大部分学者认为媒体关注发挥了公司治理功能；但另一部分学者质疑了媒体关注的公司治理功能，认为媒体治理作用的发挥受一定条件的制约。鉴于此，本书主要就媒体关注公司治理功能的两派观点及其影响因素进行梳理与评述。

2.2.1 媒体关注公司治理功能的研究

国际上存在较多关于媒体具有公司治理作用的文献。媒体被视为独立于立法、行政和司法的"第四方权力"，在改善和扩大公共信息传播、约束政府和企业行为、增进社会福利、解决市场失灵等方面都发挥着非常重要的作用（Dyck 和 Zingales，2002），在公司治理领域，媒体监督被认为是新兴资本市场上有效替代司法保护不足的一项重要制度安排，其外部公司治理角色逐渐被研究文献所认可（Dyck 和 Zingales，2004；Miller，2006；Joe 等，2009）。

在会计信息披露方面，媒体某种程度上已形成了公司的信息环境（Bushee 等，2010）。Becker 和 Murphy（1993）认为媒体通过对信息的披露、搜集和传播大大减少了信息搜集成本，在资本市场中发挥了一定的中介作用。正是由于这种信息搜集优势，Dyck 等（2008）研究认为，媒体关注有效降低了中小投资者的信息成本，减少了股东与管理层的代理冲突，缓解了资本市场的信息不对称问题。除了向市场主体披露有关上市公司的有用信息以减少信息不对称，提高信息环境和质量外，媒体还可以提高投资者识别能力（Bushee 等，2010），降低投资者的信息风险（Engelberg 和 Parsons，2011）。另外，有关学者使用俄罗斯上市公司的经验数据，研究发现媒体可以通过诸如提前揭露公司会计欺诈等不良行为的方式提高公司透明度与会计质量（Fang 和 Peress，2009；Bushee 等，2010）。Joe 等（2009）发现，如果上市公司的董事会存在会计舞弊行为等，媒体能够将其识别并进行曝光。在这种情况下，上市公司往往更加主动采取措施，积极改进以提高董事会效率，完善董事会职能。

在内部控制有效性方面，曾蔚等（2016）研究发现，媒体关注度与公司业绩波动性显著正相关，因此媒体关注作为一种外部控制，能够提高企业内部控制水平，并且公司的内部控制改善和媒体负面报道有关，权威媒体的负面报道作用更明显，这是因为被权威媒体进行了负面报道，管理层就会面临较大的舆论压力与潜在的监管压力（张萍和徐巍，2015）。赵渊贤和吴伟荣（2014）认为媒体报道会影响内部控制有效性；逯东和付鹏（2015）研究发现政策导向的媒体关注能提高上市公司内部控制质量。

在中小投资者利益保护方面，一些学者认为媒体关注发挥着不可替代的作用，比如徐莉萍和辛宇（2011）研究发现，媒体关注与公司治理环境显著正相关，具有明显的"公司治理溢价"效应，从而有助于中小投资者利益的保护；孔东民等（2013）以中小股东的利益保护为研究出发点，发现公司受到的媒体关注度高，公司行为的各个层面，比如企业业绩、盈余管理、大股东掏空等违规行为，均会显著改善；罗进辉和蔡地（2013）认为，媒体报道可以增加上市公司股票价格的信息含量，有利于中国股市的稳定运行；Liu 和 Mcconnell（2013）认为媒体关注越多，上市公司 CEO 进行有损企业价值并购行为的可能性越低。

此外，借鉴田高良等（2016）对媒体监督机制的介绍，本书认为，媒体主要是通过以下路径发挥监督作用：媒体利用其专业优势，将挖掘到的公司存在问题的信息传递给受信息不对称影响的各经济主体，引发其关注，尤其是引发监管部门的关注，从而增大公司的风险与被处罚的概率，迫使治理层与管理层不断改善经营管理与公司治理环境。另外，郑志刚等（2011）从中国背景出发，研究发现媒体关注可以直接通过影响管理者声誉发挥其治理作用，即不需要监管机构介入，不通过媒体监督机制，媒体依然可通过声誉机制起效。但是，媒体声誉机制发挥效用不是没有条件的。田高良等（2016）认为只有在同时满足以下几个前提条件的情况下，媒体才能存在声誉机制这一影响路径：公司有意愿主动管理声誉、管理层在乎声誉和存在有效的声誉惩罚机制。由于我国经理人市场不成熟，声誉机制运作的条件并不完全具备，因此这种机制的影响很小。李培功和沈艺峰（2010）还考虑到中国企业产权性质的不同，研究发现国有企业的高管通常由政府组织任命，一旦媒体进行负面报道往往会引起行政干预，而国有企业的高管通常具有一定的政治背景，行政干预首先会影响到这些高管的政治前途，因此媒体负面报道能够促使国有企业改正违规行为。民营企业的发展往往也依赖于政府的支持，与当地政府的关系是民营企业的一项重要资源（张建君和张志学，2005）。

2.2.2 质疑媒体关注公司治理功能的研究

但是，一些学者质疑媒体关注的外部公司治理功能。Hosp（2004）认为，媒体只有在能够保持社会声誉、获得商业利益的情况下才会主动对公司进行监督。而且竞争环境下，媒体传递出的信息可能存在一定程度的偏误（Ellman 和 Germano，2009）。在媒体关注的市场压力机制内，国内较为集中地存在一些质疑的声音。对媒体公司治理作用的质疑主要源自媒体报道偏差现象。媒体报道偏差的概念最早由 Hayakawa（1940）提出，他用这一概念界定媒体"通过选取对被报道对象有利或者不利的特定细节进行报道"的现象。Gentzkow 和 Shapiro（2006）给出了一个更具操作性的定义，即媒体报道偏差就是对报道内容的取舍、对词句语气的斟酌以及对不同信息来源的选择。

早期对媒体报道偏差的研究主要侧重于从对个别案例的描述中总结规律。从结论来看，这些研究不仅没有将媒体看作向市场提供客观中立报道的信息中介，反而视其为"努力向市场提供娱乐性和趣味性的企业组织"，为了追求利润，"媒体倾向于向读者提供趣味性和轰动性的报道"，正是这种追求轰动效应的动机导致媒体报道偏差的产生（Lippmann，1922）。Jensen（1979）甚至认为，媒体与小说、连续剧和体育赛事等没有本质差别，都是向受众提供娱乐服务。然而，在 Baron （2006）看来，将媒体简单视为提供娱乐性和趣味报道的中介显然有失偏颇。在总结前人研究的基础上，Mullainathan 和 Shleifer （2005）从供给和需求的视角对媒体报道偏差的来源进行了全面诠释。具体来说，媒体报道偏差既可能源自媒体报道的供给方，反映记者、编辑或者媒体所有者的个人动机和偏好，也可能源自媒体报道的需求方，反映媒体对受众、广告商、政府及其他利益集团偏好和需求的迎合。

　　媒体报道偏差不仅违背了其客观公正报道事实真相的承诺，更糟糕的是，通过采取特定的报道策略操纵舆论迎合利益集团的偏好，媒体报道偏差能够改变受众的信念分布，影响社会微观经济主体的决策与行为，进而影响整个社会资源配置的效率和社会整体的福利水平，因此媒体报道偏差能够引发严重的经济后果（Moss，2004）。就微观层面而言，这种经济后果主要表现在两个方面：第一，受众在阅读报道时会受媒体报道偏差的影响，做出偏离基于事实报道的最优决策的次优选择；第二，一旦受众将媒体报道偏差视为媒体报道的常态，就会产生"柠檬市场"问题。他们会开始怀疑媒体报道的内容，同时降低对媒体报道的需求（Baron，2006）。这样一来媒体的公司治理作用将会被大大削弱。这是因为一方面，受众会认为媒体在进行监督时具有选择性，那些没有被媒体负面报道的企业也可能存在严重的公司治理问题，只是由于广告投入或者关系等原因被媒体压住不报（Ellman 和 Germano，2009；Dyck 和 Zingales，2003）；另一方面，由于媒体报道本身有偏，受众会对报道内容存疑，从而使得媒体报道对违规企业产生的舆论压力大打折扣（Dyck 等，2008）。

　　在经验证据上，DeAngelo 等（1994，1996）发现，美国媒体在对报道对象的选择上存在主观性。在垃圾债券市场剧烈波动的时代，两家财务状况相近的公司 FCH 和 FE 均因重仓持有垃圾债券而面临巨大的财务风险。但在同一时期，《华尔街日报》对 FE 公司进行了 47 次负面报道，而针对 FCH 公司的负面报道只有 1 篇。DeAngelo 等（1996）据此评论说，媒体往往挑选那些投资政策"在政治上不正确"的企业，或者 CEO 言论比较偏激的企业进行负面报道。Reuter 和 Zitzewitz （2006）就媒体迎合广告商而产生的报道偏差行为进行了研究。他们发现，在所有向 Money Magazine 投放广告超过 100 万美元的基金公司中，有 83.8% 的基金公司在该杂志随后评选的"基金 100 强"中至少占据一席；相反，在那些没有投放广告的基金公司中，只有 7.2% 的公司入选"基金 100

强"。Gurun and Butler（2012）研究了一种较为常见的媒体报道偏差现象——地方媒体对当地企业过度正面报道。在排除其他竞争性解释后，Gurun 和 Butler（2012）将此现象解释为地方媒体对当地企业广告收入的依赖。借助"交换补偿"理论，Dyck 和 Zingales（2003）检验了记者在报道过程中可能出现的报道偏差。他们发现，为了换取持续不断的内部信息，记者往往会对提供内部信息的企业做出对其有利的报道。在公司治理语境下，Miller（2006）发现，媒体倾向于报道涉案金额重大的违规上市公司，他把这一现象诠释为媒体追求轰动效应。Core 等（2008）研究了媒体报道对上市公司薪酬政策的影响。研究结果表明，媒体对美国上市公司薪酬政策的负面报道并没有引发这些公司对薪酬政策的调整。Core 等将媒体公司治理作用失败的原因归结为媒体对薪酬的报道偏差。

国内学者中质疑媒体关注公司治理功能的最具代表性的观点是媒体的高度关注会带给管理层较大的市场压力，为了减轻压力迎合市场的预期，在短期经营业绩很难转变时，公司的管理层很可能会暂时和投机性地进行更多应计项目的盈余管理（于忠泊等，2011）。此外，贺建刚等（2008）也质疑媒体关注存在积极外部治理效应，认为目前国内媒体尚不够强大，难以从根本上降低大股东利益侵占行为。这可能与媒体原创调查少，更多的是对已有信息重新整合和包装有关（柳木华，2010；杨德明和令媛媛，2011）。虽然媒体具有发现和揭露盈余管理行为的功能，但是它没有纠正功能（于忠泊等，2011）。贺建刚等（2008）通过案例研究发现，媒体进行充分报道后，由于市场机制的自发纠正机制和法律制度的强制纠正机制介入程度不足，导致媒体的治理效果并没有发挥。

2.2.3　研究述评

从已有的研究可以看出，学术界对于媒体关注的研究不断深入，取得了丰富的研究成果。媒体关注存在一定程度的倾向性，而且影响媒体治理功能发挥的机制很多但影响效果不同。现有文献对媒体的市场监督与声誉机制对公司治理具有积极影响达成了共识，但是在媒体的市场压力机制方面还存在一定的争议。综合来看，媒体关注造成的市场压力可能导致完全不同的后果。在媒体关注的市场压力机制的影响下，企业管理层的应对方式可能是存在差异的。一方面，管理层可能会积极改善公司治理环境；另一方面，也很有可能会发生损害企业长远利益的短视的盈余管理活动，甚至会发生严重破坏企业未来成长的真实活动盈余管理。另外，积极的媒体报道给公司管理带来的压力大于负面媒体报道，也就是说，管理层更有可能根据市场或公众对股价上涨的预期来进行正向的盈余管理。由此可见，若企业在不同的生命周期阶段受到的媒体关注不同，媒体关注对公司管理层行为的影响也可能不同。因此，继续探索影响媒体治理功能发挥的其他机制和因素是必要且有价值的。在媒体关注市场压力机制的影响下，企业管理层会表现出不同的应对方式，这种争议的出现可能是因为已有研究对于媒体类型、媒体报道倾向等考虑不够全面。具体原因如下：

首先，随着信息技术和网络的不断发展，新技术得到大范围应用，信息传播渠道也极大扩展，人们获取信息的方式不再局限于传统的报纸等媒体。新兴媒体的出现和普及使得人们获取信息的方式发生革命性的变化，从而信息的传播在速度、频率以及容量等方面都出现井喷式发展，以报纸为代表的传统媒体的整体影响力大不如前已成为不争的事实。而以往研究往往仅考虑传统报纸媒体关注对公司治理的功能，这在当今飞速发展的信息网络背景下具有一定的局限性，研究结论值得推敲。

其次，考虑到媒体作为独立的主体，会为了更好地在竞争中生存与发展，追求自身效用最大化，这难免会造成其报道失真的现象，因此媒体报道往往具有一定的倾向性，媒体的正面报道和负面报道也可能会使企业管理层做出不同的反应，而以往研究对于媒体倾向性细分不够全面，仅从媒体报道角度来研究媒体关注对于公司治理的功能存在一定的片面性。

最后，从媒体特征来说，媒体还可以区分为政策导向媒体和市场导向媒体，已有研究表明，市场导向媒体对上市公司的报道更为普遍和深入，相对于政策导向媒体具有更加积极的治理作用。考虑到中国的制度背景，相比于市场导向报纸媒体，被政策导向报纸媒体曝光的公司更容易引起政府监管机构的高度关注。政策导向报纸媒体能更有效地引入行政干预，这也决定了其权威性和影响力会超过市场导向报纸媒体。因此，在研究媒体关注对于公司治理的功能时还需关注不同特征媒体的差异性。

2.3 媒体关注公司治理功能的作用机制分析

目前，媒体的地位和作用已经得到充分重视，被视为独立于立法、行政和司法之外的"第四方权力"。媒体报道作为一种有效的公司外部治理机制，能够影响管理者和公司行为、促进公司治理结构的完善，因此媒体报道在公司外部治理机制中起着重要的作用，媒体报道的外部治理机制可以从以下方面进行：行政机构介入机制、声誉机制和市场机制。通过这三种作用机制，媒体关注在公司治理中确实发挥了不容忽视的作用。

2.3.1 媒体关注的行政机构介入机制

行政机构介入机制又称为传统监督机制。媒体作为一个信息中介，能够敏锐地捕捉到上市公司的公司治理问题，并加以传播、披露，媒体的这种关注能够增加公司治理问题的暴露程度和社会影响力，从而更能引起监管部门的注意，并使之介入调查。媒体并没有直接产生公司治理的功能，而是通过媒体的关注与报道，有效地促使行政机构介入上市企业公司治理，从而使得公司的相关行为有所改变和调整。在外部治理机制中，媒体的密切关注有效吸引了公众注意力，从而促使相关行政机构介入调查，发现公司治理中存在的问题，发挥了外部治理作用。

对于不同类型的企业而言，行政机构介入机制发挥作用的效果有较为明显的差异：国有企业的负责人一般由政府行政任命，媒体的关注促使行政机构介入调查企业问题，企业的问题一旦曝光、查实，企业负责人的发展前途会受到严重影响。对于国有企业的负责人而言，媒体的关注与报道与其个人的前途命运息息相关，因此他们看重媒体关注与报道，会在这一机制下调整和改进企业的经营行为，完善公司治理行为。对于民营经济而言，企业所有权和经营权中的行政因素很弱，因此行政干预的介入对于民营企业的经营者影响远远不如国有企业大。当然，如果民营企业看重与政府的关系，行政机构介入机制会对民营企业的公司治理起到一定的作用。

　　媒体引发的行政机构介入机制使得媒体弥补了行政治理机制的内在不足，表现在如下方面：一是由于信息不对称的普遍存在，使得相关行政干预并不能总是及时发现企业的违规操作行为，因此这些企业的违规操作并没有及时受到处罚。媒体的报道与传播，使得信息不对称的状况有所改变，促使行政力量及时发现企业的违规行为，并采取相应的处罚措施，以提高行政治理的效率。二是媒体关注与报道使得企业的违规行为在社会上以极快的速度传播，这无形中给相关行政部门带来压力，使得行政力量对于这类问题的处理更加高效和透明，行政治理效果明显改善。三是企业为了逃避行政监管，可能会通过不正当的手段（比如寻租）拉拢或者腐蚀相关行政部门，媒体的介入可以造成一定社会轰动效应，这样更容易使更高级别的行政监管部门关注并进行调查、监管，保证了行政治理机制的有效性。

2.3.2　媒体关注的市场机制

　　媒体的公开报道对资本市场众多投资者起着舆论与引导作用。投资者尤其是数量庞大的中小投资者的操作改变了上市公司的股价走势，管理层在做出相应决策时不得不考虑这一走势变化的影响，市场机制的作用从而得以体现。在信息社会中，媒体承载着全面、准确、及时地传递信息的任务；对于大多数投资者（尤其是中小投资者）而言，获取上市公司信息最便捷的渠道是大众传播媒体。媒体对于上市公司的报道，为投资者（尤其是中小投资者）提供了大量关于上市公司的信息。这些信息可以帮助投资者了解和评估上市公司的系列经营活动及其效果，有助于投资者做出更科学合理的投资决策。股票价格的变动则反映了大量理性投资决策的信息，这不仅提升了资本市场的定价效率，也减少了投资中的非理性行为，从而引导资本在公司间有效流动，最终实现资源的合理配置。

2.3.3　媒体关注的声誉机制

　　在激励理论中，物质激励与精神激励在公司治理中有着同等重要的作用。对于上市公司的高管而言，良好的职业声誉一方面可以带给他们荣誉激励，获得社会赞誉，这样他们可以获得较高的成就感和满足感，从而努力工作，重视企业的每一项决策和治理措施。另一方面良好的声誉和评价意味着他们未来有更好的职业机会，更丰厚的经济收入。因此上市公司的高管对于外部的良好声誉和评价有着内在的需求，这一需求使得公司高管因为在意自身的声誉、形象，从而在媒体的关注与报道中产生了对自己行为的约束，使得媒体报道的声誉机制得以实现。公司的负面报道与公众对公司的关注程度是正相关的，负面报道越多，公众对上市公司及其高管的行为关注程度就会越高，职业经理人可能的声誉损失就会越大。因此，经理人有着更为强烈的自我激励去调整并改正自己的违规行为，从而减少行政机构介入的需要，实现了公司治理的改善，进而提高了企业业绩。

郑志刚等（2011）认为，即使没有监管部门介入，媒体关注依然可以发挥其公司治理的作用，主要通过影响管理者声誉来实现。Dyck（2008）认为声誉机制能够发挥效用，主要是因为经理人、董事会成员害怕其声誉受损，会采取措施规范自身行为，迫使其减少机会主义行为，进而改善公司治理行为。罗宏和张玮倩（2011）研究了媒体关注对高管薪酬的影响，结果发现媒体报道会增加上市公司高管的声誉风险。为了降低这种风险，上市公司会调整高管薪酬，进而起到一定的管制作用。Dyck 和 Zingales（2002）研究指出，当媒体出现负面报道时，影响经理人声誉的约束方式如下：第一，在实行政治选举的国家，政治家为了选票等可能会修改公司法；第二，媒体关注会使得经理人等在公司内部努力维持其良好的形象和声誉；第三，媒体关注会影响管理层的社会形象和社会声誉，一旦受损，再就业就会面临危机。另外，媒体关注的声誉机制并不是在任何情况下都会发挥其效用，需要满足一定的条件，田高良等（2016）研究指出，媒体声誉机制要发挥效用必须满足以下条件：声誉惩罚机制的有效性、管理层利用声誉信息的积极性、企业声誉管理的积极性。但从我国目前情况来看，我国经理人市场并不成熟，不完全具备声誉机制运行的条件，因此，这种机制并不能发挥很大作用。

2.3.4　媒体关注三大治理机制的比较分析

（1）行政机构介入机制。行政机构介入机制强调：正是因为媒体的报道消除了信息的不对称，使得上市公司的违规行为更容易被相关监管部门发现，增加了监管部门介入的可能性，企业的高管因为害怕被发现，担心受到处罚，因而减少违规行为，从而实现媒体报道的外部治理。但是这种外部治理作用的发挥是以健全的法律制度为前提的。然而，目前我国法律制度有待完善之处，中小投资者缺乏有效的法律保护且对于上市公司违规行为的处罚力度相对不足，这使得违规行为的法律后果并不足以让上市公司的高管有所顾忌。因此，媒体报道的外部治理作用效果并不明显。大多数的民营企业中，企业所有者和经营者的产生源于血缘、亲缘、地缘或雇佣关系，这些掌握民营企业命运的人没有太多行政背景，他们获得企业的掌控权力并不受行政因素的影响。因此，行政机构的介入对这类企业的影响远远不如国有企业。

（2）市场机制。媒体报道通过带来市场压力，影响公司股票表现，进而影响管理层的相关决策，这是媒体报道市场机制的基本原理。通过分析这一机制运行原理不难发现，媒体关注能够显著影响股价表现，同时管理者确实重视股价表现，这两个因素共同构成了市场机制有效发挥作用的重要前提。目前的研究表明，媒体关注的确能够影响股票市场表现，但是企业的高管是否非常重视股价的表现无法得到有效数据证实，如果企业高管不在乎股价的市场表现，媒体报道影响管理层决策的这一治理判断就缺少了应有的前提基础。另外，部分媒体为了提高自己的影响力和关注度，故意夸大甚至是扭曲报道信息，以博取关注，投资者基于得到的虚假信息做出相应判断，反而会加剧资本市场的非理性投资。媒体报道的外部治理机制是以媒体报道的客观性和真实性为基础的，但是有些媒体违背职业操守，一味追求轰动效应，夸大甚至是扭曲事实，加剧了信息的不对称性，影响了资本市场上相关利益主体的投资决策，这使得媒体的治理作用大大削弱。

（3）声誉机制。从声誉机制的运作原理来看，声誉机制要发挥作用，一定需要具备以下前提条件：声誉惩罚机制的有效性、利益相关者利用声誉信息的积极性、企业声誉管理的积极性。在我国，客观的现实是上市公司高管中绝大多数（82.37%）都是非竞争方式上岗（沈艺峰等，2009），国有背景上市公司的高管极少因为经营问题被问责和辞退。声誉机制在西方社会可以形成对企业高管的有力约束，是保护中小投资者的有效治理方式，但是在我国，媒体声誉机制作用要完全发挥其作用还有一段较长的路要走。

3 媒体关注对内部控制有效性的影响分析

媒体发挥公司治理功能的一个重要方面就是影响企业内部控制的有效性。当企业处在生命周期的不同阶段时，媒体关注公司治理功能的发挥是否存在差异？媒体关注能否促进内部控制所有目标的实现？本部分将分别从企业生命周期与内部控制目标的实现情况两个维度，探讨内部控制有效性视角下媒体关注公司治理功能的发挥，从而对上述问题进行回答。

3.1 媒体关注对内部控制有效性的影响分析：基于企业生命周期

3.1.1 理论分析与研究假设

该部分主要结合企业生命周期理论探讨媒体关注对内部控制有效性的影响。首先，分析不同生命周期阶段的公司在受到的媒体关注方面是否存在显著差异；此外，进一步分析媒体关注对处于不同生命周期阶段公司内部控制有效性的差异影响，并据此提出相应的研究假设。值得注意的是，本书借鉴以往研究的做法，将生命周期划分为五个阶段，即初创期、成长期、成熟期、动荡期与衰退期。由于样本来自上市公司，基本均已经过初创期阶段，故此阶段在文中不予考虑。动荡期现金流量特征无法合理预测，故将与成熟期接近的样本并为成熟期，与衰退期接近的样本并为衰退期。因此，下文讨论的生命周期阶段主要包括成长期、成熟期与衰退期。

（1）不同生命周期阶段内企业受到媒体关注的动态变化

1959年，马森海尔瑞（Mason Haire）首先提出了"企业生命周期"这一概念。

Greiner（1997）运用这一概念对企业成长过程进行分析与总结，并指出企业公司治理、经营与财务等方面的特征会因其所处的生命周期阶段不同而不同。在此基础上，我国学者通过实证研究得出了类似的结论：在不同的生命周期阶段，企业的投资水平（刘焱，2014）、股权成本（陈汉文和程智荣，2015）、盈余管理方式（王云等，2016）、业绩波动程度（曾蔚等，2016）等都存在显著差异。张丽达等（2016）认为媒体最本质的存在就是通过报道引起大众的关注。媒体有偏理论主张媒体报道存在追求轰动效应的现象，往往会更多地关注"明星公司""话题人物"等（田高良等，2016）。可见，从追求轰动效应引起大众关注，扩大媒体声誉、增加媒体覆盖角度考虑，媒体倾向于主动关注具有下列特征的企业：一是大众包括投资者迫切需要了解与密切关注的企业；二是盈利能力强的明星企业或话题比较多的企业；三是领导者较易成为话题人物的企业。据此引发本书的分析：在不同生命周期阶段内，企业受到的媒体关注程度是否也存在差异？

一般而言，处于成长期阶段的企业通常具有以下特征：首先，受初创期良好发展的影响（侯巧铭等，2017），企业高速发展，并逐渐走向公开上市。其次，处于该阶段的企业，其最核心的任务是争取发展先机，抢占市场份额，增强核心竞争力，由此产生了较大的投资需求和较频繁的投资行为，可能出现过度投资倾向（李云鹤等，2011），并导致投资失败。因此，投资者往往认为成长期企业的投资风险一般较高，多持谨慎态度（黄宏斌等，2016），但又会密切观望以把握投资先机。故成长期的企业最容易吸引大众包括投资者的目光（黄宏斌等，2016），同时也会因其良好的增长态势受到媒体的追捧。在成长期，企业广告费投入高，很可能会为快速提升品牌知名度而打造话题人物或者进行媒体寻租行为。综上所述，这个阶段的企业往往会受到较高的媒体关注。

处于成熟期阶段的企业，其经营情况日趋成熟，组织结构较为完善，盈利能力强且融资约束小（黄宏斌等，2016），融资方式也趋于多元化。对于具有追求轰动效应与博大众眼球特征的媒体而言，企业在这个稳定发展阶段内的吸引力减弱。相对于成长期，企业受到的媒体关注度也会有所下降。

处于衰退期阶段的企业，其经营状况恶化，产品与服务逐渐被竞争者所取代，市场占有率与利润率水平下降。企业在这个阶段往往因为投资者缺乏投资信心和热情（黄宏斌等，2016）而不再受到大多数投资者的关注。同样，媒体对公司的关注度也会减少。

除非有特大且轰动的消息，企业将逐渐淡出大众视野。基于以上分析，本书提出假设1：

假设1：随着生命周期阶段的发展，企业受到的媒体关注度出现逐渐减弱趋势。

（2）不同生命周期阶段内媒体关注对企业内部控制有效性的影响差异

揭露信息是媒体的最大功能（Nguyen，2015）。根据现有研究结论，媒体的公司治理机制主要包括监督机制、压力机制和声誉机制。一般而言，媒体监督机制的作用路径主要是媒体报道增加了公司信息的曝光率，引起了监管机构和公司治理层的关注，从而促使企业改善公司治理（田高良等，2016）。压力机制主要源自管理层薪酬等激励政策与股价的关联越来越密切（Fang 和 Peress，2009）。由此可知，压力机制的主要作用路径是通过触动管理者的个人利益进而影响其公司治理行为。这种行为通常表现为压力之下，管理者将增加公司的盈余管理（田高良等，2016）。按照Dyck 等（2008）和醋卫华（2011）的研究，声誉机制的作用路径是通过媒体报道影响经理人、董事会成员的声誉，迫使其为维护声誉带来的隐形财富与社会地位，更加关注媒体报道并及时做出反应以规范自身行为。由于目前我国经理人市场尚不成熟，声誉机制的影响很小（田高良等，2016），本书主要围绕媒体的监督和压力机制进行分析。

以上媒体的作用机制同样适用于企业内部控制领域，尤其在目前中国内部控制的建设与实施具有强制性的背景下，媒体对企业不合理的内部控制情况进行报道，可能会导致政府监管部门的介入，从而迫使企业不得不规范自身行为，完善内部控制的建设与执行情况（曾蔚等，2016）。另外，根据生命周期理论，不同阶段企业的目标、发展特征、面临的委托代理成本与公司内部控制建设的特点等均存在明显的差异。基于媒体的不同作用机制，在企业不同的生命周期阶段，媒体关注对内部控制有效性的影响是否存在差异？

在成长期，企业高速发展、盈利增加、规模不断增大，为了增强企业核心竞争力，抢占市场份额，打造良好声誉，管理层有动机充分借助媒体关注的信息披露功能吸引投资者的目光，并积极就媒体披露出的内部控制问题采取改进措施。此阶段集权式组织结构不再适应企业发展，所有权与经营权逐渐分离成为公司治理结构的主要特征，这种分离可能导致委托代理问题（刘焱，2014），出现因管理层自利进行盈余管理的情况，在一定程度上对公司内部控制有效建设与执行产生不利影响。但是，成长期所有权与经营权分离程度较小，故其产生的消极影响较弱。相比之下，所有权和经营权的分离对公司组织结构的规范化和内部控制的建立、完善具有正向作用，有助于保障企业的健康快速发展。成长期企业受到媒体的高度关注，增加了公司内部信息的曝光率，极有可能引起监管机构的注意，这也迫使管理者出于维护自身的声誉、职业前景和未来收益等目的，减少盈余管理等自利行为，不断改善内部控制，提高内部控制的有效性。此外，处于这个阶段的企业本身增长速度较快，受到外界媒体关注带来的股价上升方面的预期压力小。在成长期，相比于媒体市场压力机制可能带来的消极影响，媒体监督机制的积极影响发挥了更大的效用，有利于改善公司的内部控制。鉴于此，本书提出假设2：

假设2：在成长期，媒体关注对企业内部控制有效性是显著的正向影响。

在成熟期，企业市场份额相对较高，利润丰厚，财务状况良好，融资约束（王云等，2016）和外部风险相对较小，但是发展速度有所放缓。与成长期类似，媒体对企业内部控制有效性的积极影响仍然存在。但是，与成长期不同，这个阶段企业的投资者增多且融资比例增大，但利润增速却有所放缓。如果资金供给者依然保持对企业增长速度的高预期，将会给企业带来压力，媒体压力机制的影响也将变得突出。而且，随着公司成功经验的积累，管理层可能过度自信（侯巧铭等，2017）并将这种信号传递出去，提高外界包括媒体对公司的预期，进一步增大了企业的压力。此外，成熟期的委托代理问题更加凸显，代理人在公司这个稳定发展的阶段试图构建"个人帝国"和最大化个人利益（Jensen 和 Meckling，1976），很有可能在压力之下采取短视行为，忽视内部控制的建设和执行。比较而言，媒体市场压力机制的消极影响在成熟期要大于成长期。因此，在媒体关注积极与消极影响的综合作用下，成熟期企业受到的媒体关注对其内部控制有效性的提升作用并不明显。根据以上分析，本书提出假设3：

假设3：在成熟期，企业受到的媒体关注水平对内部控制有效性的影响并不显著。

处于衰退期的企业面临各方面的威胁，销售大幅下降，市场受到挤压，发展举步维艰。媒体对衰退期企业的关注较少，其监督作用相对于成长和成熟期较弱。一般情况下，衰退期企业的委托代理问题最为严重（侯巧铭等，2017），管理者为追求个人私利更愿意降低内部控制有效性。另外，此阶段企业的负面消息多于正面消息，媒体关注的存在无疑加重了企业压力。从企业内部看，股东、董事会等对管理层施压，导致管理层的职业安全受到威胁；从外部看，投资者、债权人对企业的信任度降低，增加了企业的

融资约束。为保住工作或者离岗前的声誉，防止企业被并购（谢佩洪和汪春霞，
2017），管理层在经营发展不理想的情况下很可能凌驾于内部控制之上进行盈余操纵，
削弱企业内部控制的有效性。也就是说，在衰退期，媒体对企业的关注可能导致管理层
在内外部压力之下进行盈余管理等行为的动机远远大于因受媒体监督而改善内部控制的
动机。据此，本书提出假设4：

假设4：在衰退期，企业受到的媒体关注水平对内部控制有效性是显著的负向
影响。

3.1.2 研究设计

本部分针对上文提出的研究假设进行对应的研究设计，主要包括变量选择与定义、
模型设计、样本选择与数据来源方面。

（1）变量选择与定义

①被解释变量

综合国内外已有研究，目前主要有三种衡量内部控制质量的方法：一是上市公司对
外公开披露的内部控制自我评价报告、内部控制审计报告（林斌等，2016；方红星和金
玉娜，2016）；二是自建评价指标；三是利用评级机构发布的内部控制指数，例如迪博
内部控制指数（由深圳迪博风险管理技术有限公司发布）（刘焱，2014）。因第三种方法
可信性度高，评价体系较为完善，受到大多数学者的认可，故本书拟采用此种方法，即
用迪博内部控制指数来衡量内部控制有效性，记为IC。内部控制指数（IC）越大，企
业内部控制的有效性越好。

②解释变量

解释变量包括媒体关注度与企业生命周期。

A.媒体关注度。参考李培功和沈艺峰（2013）以及梁上坤（2017）的做法，根据
公司股票代码和公司名称，在"中国重要报纸全文数据库"中手动搜集报纸的媒体报道
数量。因媒体之间存在重复转载的现象，本书只选取了8份主流报纸，包括《证券日
报》《中国经营报》《经济观察报》《中国证券报》《证券时报》《上海证券报》《第一财经
日报》《21世纪经济报道》，运用全文搜索获得了全年新闻报道量。

B.企业生命周期。目前常用的企业生命周期划分方法有现金流量符号法、产业比率

法和产品生命周期法等。但企业产品种类繁多，每种产品的生命周期存在较大差异，产品生命周期法划分存在诸多问题。Dickinson（2011）的研究表明，采用产业比率计量企业生命周期也存在诸多问题，比如经济理论预期现金流、企业年龄、销售收入等因素与企业生命周期存在非线性关系，而非假设中的线性关系。相比之下，使用现金流量法具有以下优势：一是它包含了企业经营、投资和融资全方位的财务信息，而不是单纯依靠单个指标进行生命周期的划分；二是现金流量的分类模式是企业运营成果的体现，与经济理论预测更加一致，故更加合理。由此，组合现金流量法受到了较多学者的认可。本书借鉴曹裕等（2010）和Dickinson（2011）的研究，采用组合现金流量法对企业生命周期进行划分，具体分为初创期、成长期、成熟期、动荡期、衰退期五个阶段。需要说明的是，由于本书样本来自上市公司，均已经过初创期阶段，因此该阶段在文中不予考虑。而动荡期现金流量特征无法合理预测，故将与成熟期接近的样本并为成熟期，与衰退期接近的样本并为衰退期。具体分类见表3-1。

表3-1 不同生命周期现金流量组合特征

现金流	成长期		成熟期			衰退期		
	初创期	成长期	成熟期	动荡期	动荡期	动荡期	衰退期	衰退期
经营现金流净额	−	+	+	−	+	+	−	−
投资现金流净额	−	−	−	−	+	+	+	+
筹资现金流净额	+	+	−	−	+	+	−	+

资料来源：根据Dickinson（2011）整理而来。

③控制变量

根据刘启亮等（2012）和逯东等（2013）的研究，影响内部控制有效性的控制变量包括独立董事占比（Ratio）、市场化指数（MI）、CEO两职兼任（Dual）、是否被四大审计（Big4）、公司规模（Size）、总资产收益率（Roa）、资产负债率（Lev）、存货占比（Inv）、公司成长性（Growth）、股权集中度（Top1）与机构投资者持股比例（Inst）。根据权小锋和吴世农（2012）以及罗进辉（2012）的设计理念，影响媒体关注的控制变量主要有总资产收益率（Roa）、公司规模（Size）、资产负债率（Lev）、公司成长性（Growth）、非流通股比率（Nontra）、上市年限（Age）。变量计算与说明见表3-2。

表3-2 变量定义表

变量	名称	符号	解释或衡量
被解释变量	内部控制有效性	IC	迪博内控指数除以100
解释变量	报纸媒体关注度	Media	Ln（报纸对上市公司报道数量+1）
控制变量	CEO两职兼任	Dual	CEO两职兼任为1，否则为0
	独立董事占比	Ratio	独立董事占公司董事会总人数的比率
	是否被四大审计	Big4	当年公司由国际四大审计为1，否则为0
	市场化指数	MI	由樊纲等（2016）构建的地区市场化指数评分计算而来
	公司规模	Size	公司年末资产总额的自然对数
	总资产收益率	Roa	净利润与年末资产总额的比值
	资产负债率	Lev	年末负债总额与年末资产总额的比值
	存货占比	Inv	存货与年末资产总额的比值
	公司成长性	Growth	当年营业收入除以上年营业收入后减1
	股权集中度	Top1	第一大股东的持股比例
	机构投资者持股比例	Inst	年末机构投资者持股比例
	非流通股比率	Nontra	公司非流通股股数与总股数之比
	上市年限	Age	公司IPO以来所经历年限加1的自然对数
	行业变量	Ind	行业哑变量
	年度变量	Year	年度哑变量

（2）模型设计

本书采用单因素方差分析方法验证假设1。由于媒体关注与企业内部控制有效性之间可能存在内生性问题，本书借鉴 Fan 和 Wong（2005）以及逯东等（2015）的做法，采用联立方程模型控制内生性，并使用3SLS方法进行估计，具体如模型3-1所示。为了验证假设2、假设3和假设4，本书分别对每个生命周期下的样本运用模型3-1进行回归检验。

$$\begin{cases} IC = \alpha_0 + \alpha_1 Media + \alpha_2 Dual + \alpha_3 Ratio + \alpha_4 Big4 + \alpha_5 MI + \alpha_6 Size + \alpha_7 Roa + \alpha_8 Lev + \\ \quad \alpha_9 Inv + \alpha_{10} Growth + \alpha_{11} Top1 + \alpha_{12} Inst + \sum Year + \sum Ind + \varepsilon \\ Media = \beta_0 + \beta_1 IC + \beta_2 Size + \beta_3 Roa + \beta_4 Lev + \beta_5 Growth + \beta_6 Nontra + \beta_7 Age + \sum Year + \\ \quad \sum Ind + \eta \end{cases} \quad \text{模型3-1}$$

模型3-1的联立方程模型具体由两部分构成：一是企业内部控制有效性的影响因素模型；二是媒体关注度的影响因素模型。

（3）样本选取与数据来源

鉴于自2012年起强制要求中国主板上市公司披露内部控制自我评价报告和内部控制审计报告，本书选取2013—2015年沪深两市A股上市公司数据为样本。在此基础上，本书剔除了金融保险行业与数据存在缺失的公司数据，经过筛选，最终得到4 976个观测值。为了规避极端值对检验结果的影响，本书对所有连续变量在1%和99%的水平上进行了Winsorize处理。本书的数据来源如下：媒体关注数据在"中国重要报纸全文数据库"手动搜集获得，内部控制数据来自迪博风险数据库，其他数据均源自国泰安数据库。

3.1.3　实证分析

本部分运用第四部分设定的方法与模型，对媒体关注、企业生命周期与内部控制有效性三者之间的关系进行实证检验。

（1）描述性统计分析

表3-3报告了本书变量的描述性统计结果，包括的指标如下：最大值、最小值、均值、标准差和中位数。

表3-3　　　　　　　　　　　　　　变量描述性统计结果

变量	均值	中位数	标准差	最小值	最大值
IC	6.544	6.612	0.762	3.354	8.208
Media	3.320	3.330	0.910	0.690	5.780
Dual	0.020	0.000	0.130	0.000	1.000
Ratio	0.370	0.330	0.050	0.310	0.570
Big4	0.070	0.000	0.250	0.000	1.000

变量	均值	中位数	标准差	最小值	最大值
MI	7.980	8.300	1.750	2.980	10.110
Size	22.350	22.160	1.280	19.640	26.070
Roa	0.030	0.030	0.060	−0.190	0.190
Lev	0.480	0.480	0.210	0.070	0.940
Inv	0.170	0.120	0.160	0.000	0.770
Growth	0.130	0.060	0.450	−0.590	3.130
Top1	0.360	0.340	0.150	0.090	0.770
Inst	4.740	3.480	4.430	0.000	21.500
Nontra	0.170	0.030	0.220	0.000	0.790
Age	2.800	2.830	0.340	1.790	3.370

由表3-3可知，内部控制指数（IC）的标准差达到0.762，说明上市公司间内部控制有效性水平存在一定的差异。媒体关注（Media）最小值为0.690，最大值为5.780，标准差为0.910，表明媒体对上市公司关注度差距较大。是否被四大审计（Big4）的均值为0.070，说明样本中约有7%的上市公司选择国际四大会计师事务所作为其内部控制审计机构。公司规模（Size）最大值为26.070，最小值为19.640，处在合理区间。成长性（Growth）的均值大于中位数，表明我国上市公司整体具有较好的发展态势。

（2）相关性分析

本书运用Pearson相关性分析检验媒体关注、企业生命周期、内部控制有效性与相关控制变量之间的相关性，结果见表3-4。根据表3-4中的相关性分析结果可以看出，媒体关注与内部控制的有效性正相关，显著性水平为5%。这表明总体而言，外部媒体对上市公司的关注有助于提高公司内部控制的有效性。企业生命周期与媒体关注在1%的水平上负相关，表明随着企业生命周期的推进，公司受到的媒体关注呈现下降趋势，部分验证了假设1。控制变量与解释变量之间的相关系数符号与以往研究基本一致，本书不再赘述。解释变量间的相关系数均小于0.8，表明变量之间没有严重的多重共线性。此外，方差膨胀因子VIF值均小于2，即远小于10，再次说明模型3-1中各个变量之间无严重的多重共线性。

表3-4

Pearson相关系数矩阵

变量	IC	Media	LF	Dual	Ratio	Big4	MI	Size	Roa	Lev	Inv	Growth	Top1	Inst
IC	1													
Media	0.034**	1												
LF	-0.026*	-0.087***	1											
Dual	0.014	-0.020	-0.010	1										
Ratio	-0.002	0.032*	-0.010	0.044***	1									
Big4	0.039***	0.317***	-0.011	-0.020	0.021	1								
MI	0.071***	0.020	0.015	0.024*	-0.010	0.084***	1							
Size	0.097***	0.533***	-0.150***	-0.035*	0.027*	0.457***	0.010	1						
Roa	0.353***	0.104***	0.030**	0.013	-0.024*	0.036**	0.108***	0.017	1					
Lev	-0.143***	0.185***	-0.113***	-0.020	0.015	0.157***	-0.091***	0.488***	-0.387***	1				
Inv	0.013	-0.058***	0.052***	0	0.029**	-0.056***	0.060***	0.064***	-0.081***	0.259***	1			
Growth	0.070***	0.089***	-0.108***	0.020	0.026*	-0.005	0.032**	0.054***	0.184***	0.030**	0.031**	1		
Top1	0.082***	0.055***	0.025*	-0.018	0.034**	0.134***	0.022	0.250***	0.103***	0.040***	0.043***	-0.036***	1	
Inst	0.049***	0.170***	-0.111***	0.034**	-0.012	0.054***	-0.005	0.072***	0.077***	0.014	-0.011	0.050***	-0.102***	1

注：***、**和*分别表示1%、5%和10%的显著性水平。

（3）检验结果分析

①不同生命周期阶段内企业受到媒体关注的动态变化

为了检验假设1，将企业生命周期作为因子，对媒体关注进行单因素方差分析。表3-5报告了分析结果。

表3-5 媒体关注的单因素方差分析与方差齐性检验结果

变量	生命周期阶段（H）	生命周期阶段（I）	均值差（I-H）	显著性水平（P值）
媒体关注	成长期	成熟期	−0.086***	0.006
	成长期	衰退期	−0.186***	0.000
	成熟期	衰退期	−0.099**	0.038

方差齐性的Bartlett检验值Chi² = 0.773；方差齐性检验的P值：Prob>Chi² = 0.679

注：***、**和*分别表示1%、5%和10%的显著性水平。

根据表3-5的检验结果可知，成长期与成熟期、成长期与衰退期、成熟期与衰退期三组的均值有显著差异，表明在不同生命周期阶段，企业受到的媒体关注度存在显著差异。具体来说，A.成熟期与成长期的均值差为负数，在1%的水平上显著，表明成熟期企业受到的媒体关注度明显低于成长期企业；B.衰退期与成长期的均值差为1%水平上的负显著，表明衰退期企业受到的媒体关注显著低于成长期的企业；C.衰退期与成熟期的均值差在5%的水平上负显著，表明衰退期企业受到的媒体关注不仅低于成长期，还低于成熟期的企业。综合以上结果可以发现：成熟期和衰退期的媒体关注度显著低于成长期；衰退期的媒体关注度显著低于成熟期，表明企业在成长、成熟和衰退期受到的媒体关注水平呈现显著的下降趋势，即假设1得到验证。

②不同生命周期阶段内媒体关注对企业内部控制有效性的影响

为了考察处在不同生命周期阶段内的企业受到的媒体关注是否会对其内部控制有效性产生不同影响，对模型3-1进行分样本的3SLS回归检验，结果见表3-6。

由表3-6可知，媒体关注对成长期企业内部控制有效性的回归系数为1.874，且通过1%的显著性水平检验，表明成长期企业受到的媒体关注水平与其内部控制的有效性显著正相关，即受到的媒体关注越多，成长期企业的内部控制有效性越高，假设2成立。

表3-6　　　　　媒体关注、企业生命周期与内部控制有效性的回归结果

变量	成长期	成熟期	衰退期
Media	1.874***	0.209	−3.900*
	(2.580)	(0.330)	(−1.930)
Dual	0.061	−0.169	0.253
	(0.470)	(−0.920)	(0.430)
Ratio	0.236	0.682	−0.611
	(0.560)	(1.170)	(−0.470)
Big4	0.049	0.158	0.115
	(0.250)	(1.490)	(0.200)
MI	0.038**	0.008	0.080
	(2.060)	(0.550)	(1.440)
Size	−0.433*	0.129	1.402***
	(−1.690)	(0.470)	(2.630)
Roa	7.294***	8.110***	5.784**
	(4.920)	(6.420)	(2.440)
Lev	−0.023	−0.421	−1.409**
	(−0.070)	(−1.460)	(−2.200)
Inv	0.345*	0.499*	−0.467
	(1.810)	(1.840)	(−0.280)
Growth	0.064	0.201**	0.378
	(0.760)	(2.200)	(1.360)
Top1	0.163	−0.336	2.166***
	(0.740)	(−1.080)	(2.620)
Inst	0.007	0.029	0.064
	(0.460)	(1.540)	(1.200)
Constant	8.261***	1.679	−11.091**
	(2.680)	(0.440)	(−2.070)
Year	控制	控制	控制
Ind	控制	控制	控制
N	2 300	1 961	715
Chi^2	539.895	652.917	138.003

注：（1）表中括号内数字为Z统计量；（2）***、**、*分别表示1%、5%、10%的显著性水平。

媒体关注对成熟期企业的内部控制有效性的回归系数为正数，表明二者存在正相关关系，但是这种关系在成熟期变得不再显著，即企业受到的媒体关注水平不能明显影响其内部控制的建设与执行效果，假设3得到验证。

媒体关注对衰退期企业的内部控制有效性的回归系数为负数（-3.900），且通过了10%的显著性水平检验，说明媒体关注会对衰退期企业内部控制有效性产生负向影响，即假设4得到验证。

3.1.4   稳健性检验

为避免内生性等问题对研究结论可靠性的影响，本书使用下列方法进行稳健性测试：①采用工具变量法；②采用Heckman（1979）两阶段回归模型；③使用2SLS估计法对联立方程进行回归；④对企业生命周期的度量方法进行变更。具体如下：

（1）借鉴于忠泊（2011）、田高良等（2016）的做法，本书在内部控制有效性的影响因素模型中，选取公司上市年限作为媒体关注度的工具变量，对单一线性方程进行2SLS估计。在2SLS两阶段的第一阶段估计中F值大于10，说明在一定程度上无须考虑弱工具变量的问题。而且，在第一阶段的回归中，工具变量对核心解释变量在1%的统计水平上显著，说明工具变量与媒体关注度具有较强的关联性。由此可知，本书选择的工具变量是较为合适的。回归结果见表3-7。

表3-7   运用工具变量后的回归结果

变量	成长期	成熟期	衰退期
Media	1.930* (1.69)	1.426 (0.35)	-3.043 (-1.58)
Dual	0.250 (0.79)	0.185 (0.23)	0.507 (0.64)
Ratio	-0.348 (-0.39)	-1.080 (-0.34)	-0.474 (-0.24)
Big4	-0.378 (-1.10)	-0.087 (-0.17)	0.572 (0.87)

续表

变量	成长期	成熟期	衰退期
MI	0.055**	0.044	0.096
	(2.03)	(0.93)	(1.41)
Size	−0.431	−0.403	1.137**
	(−1.08)	(−0.23)	(2.24)
Roa	7.288***	6.247	6.437***
	(3.46)	(0.87)	(2.89)
Lev	−0.096	0.097	−1.079*
	(−0.20)	(0.07)	(−1.77)
Inv	0.587*	0.109	−2.001
	(1.66)	(0.10)	(−1.19)
Growth	0.071	0.294	0.275
	(0.70)	(1.09)	(1.05)
Top1	0.789*	0.752	2.023**
	(1.95)	(0.40)	(2.41)
Inst	−0.025	−0.035	0.100*
	(−1.05)	(−0.30)	(1.93)
Constant	8.040*	9.246	−8.038
	(1.68)	(0.39)	(−1.55)
Year	控制	控制	控制
Ind	控制	控制	控制
N	2 300	1 961	715
Chi²	279.083	340.048	113.072

注：（1）表中括号内数字为Z统计量；（2）***、**、*分别表示1%、5%、10%的显著性水平。

从表3-7可以看出，在成长期的样本中，媒体关注与内部控制有效性之间的回归系数为1.930，在10%的水平上显著，表明两者之间显著正相关，与表3-6的回归结果一致。在成熟期的样本中，媒体关注与内部控制有效性之间的回归系数为1.426，并不显

著，该回归结果也与表 3-6 一致。虽然衰退期的结果不显著，但是系数仍为负值
（−3.043），这在一定程度上表明衰退期企业受到的媒体关注越多，其内部控制有效性越
低这一结论没有发生根本性变化。

（2）为了克服媒体关注自选择导致偏误的问题，本书使用 Heckman（1979）两阶段
回归模型进行稳健性检验。具体方法为：①将是否存在媒体关注作为被解释变量，控制
非流通股比率（Nontra）、上市年限（Age）、公司规模（Size）、总资产收益率（Roa）、
资产负债率（Lev）、公司成长性（Growth）与同年同行业中其他公司的媒体关注度等影
响媒体关注存在与否的变量，采用 Probit 模型回归计算得到逆米尔斯比（Lambda）；
②将逆米尔斯比放入主回归中进行回归，结果见表 3-8。

表3-8　　　　　　　　　　Heckman（1979）两阶段回归结果

变量	成长期	成熟期	衰退期
Media	1.408**	0.057	−4.778
	(2.44)	(0.11)	(−1.08)
Dual	0.033	0.049	0.742
	(0.33)	(0.42)	(0.86)
Ratio	−0.030	−0.383	−1.256
	(−0.07)	(−1.04)	(−0.42)
Big4	−0.020	−0.039	0.598
	(−0.14)	(−0.62)	(0.64)
MI	0.017	0.013	0.128
	(1.07)	(1.01)	(1.60)
Size	−0.297	0.182	1.497
	(−1.42)	(0.80)	(1.26)
Roa	7.637***	7.786***	0.111
	(8.52)	(11.69)	(1.21)
Lev	−0.054	−0.387	0.225
	(−0.17)	(−1.28)	(0.81)

续表

变量	成长期	成熟期	衰退期
Inv	0.081	−0.144	−2.378
	(0.54)	(−0.61)	(−0.82)
Growth	0.001	0.001	0.348
	(1.37)	(0.23)	(1.37)
Top1	0.128	0.288	4.183**
	(0.75)	(1.25)	(2.19)
Inst	0.001	−0.017	0.116
	(0.05)	(−1.21)	(0.91)
Lambda	−0.173	−0.851	2.746
	(−0.25)	(−1.35)	(0.49)
Constant	7.386***	1.672	−11.231
	(2.80)	(0.52)	(−0.88)
Year	控制	控制	控制
Ind	控制	控制	控制
N	2 300	1 961	715
Chi^2	1 457.344	850.625	86.165

注：（1）表中括号内数值为Z统计量；（2）***、**、*分别表示1%、5%、10%的显著性水平。

表3-8的回归结果说明，在控制了样本自选择问题之后，媒体关注对内部控制有效性的影响与前文一致。在成长期，回归系数为1.408，两者存在显著的正相关关系，并且随着企业生命周期的发展，媒体关注对内部控制有效性的正向影响逐渐减弱，而负向影响不断增强。

（3）为了避免出现因估计方法选择导致的偏差，进一步采用2SLS估计方法对前文的联立方程进行回归，结果见表3-9。

表3-9　　媒体关注、企业生命周期与内部控制有效性的2SLS法回归结果

变量	成长期	成熟期	衰退期
Media	1.549** (2.100)	0.563 (0.870)	−3.332 (−1.590)
Dual	0.225 (0.810)	0.031 (0.110)	0.553 (0.630)
Ratio	−0.180 (−0.240)	−0.420 (−0.560)	−0.429 (−0.200)
Big4	−0.282 (−1.130)	0.016 (0.120)	0.635 (0.880)
MI	0.059** (2.520)	0.035* (1.870)	0.101 (1.360)
Size	−0.298 (−1.150)	−0.034 (−0.120)	1.211** (2.190)
Roa	7.898*** (5.260)	7.766*** (6.060)	6.215** (2.550)
Lev	−0.230 (−0.640)	−0.205 (−0.690)	−1.030 (−1.540)
Inv	0.592* (1.880)	0.335 (1.020)	−2.228 (−1.220)
Growth	0.086 (1.000)	0.241*** (2.610)	0.301 (1.060)
Top1	0.697** (2.180)	0.350 (0.980)	2.098** (2.280)
Inst	−0.018 (−1.080)	−0.010 (−0.520)	0.107* (1.900)

续表

变量	成长期	成熟期	衰退期
Constant	6.479** (2.060)	4.134 (1.060)	−8.738 (−1.540)
Year	控制	控制	控制
Ind	控制	控制	控制
N	2 300	1 961	715
F	11.653	18.684	3.235

注：（1）表中括号内数值为T统计量；（2）***、**、*分别表示1%、5%、10%的显著性水平。

表3-9的回归结果表明，在企业的三个生命周期阶段，媒体关注度与内部控制有效性的关系是与表3-6基本一致的。也就是说，随着企业生命周期的发展，媒体关注对内部控制有效性的积极影响不断减弱，而负向影响逐渐显现。

（4）对生命周期的度量方法进行变更后的检验。参考刘焱（2014）的研究设计，本书不再对企业动荡期按特征划归为成熟期或衰退期，而是将初创期和成长期并为成长期，动荡期和衰退期并为衰退期。回归结果见表3-10。

表3-10　　　　　　　　　　变更度量方法后的回归结果

变量	成长期	成熟期	衰退期
Media	1.874*** (2.580)	0.542 (0.760)	−5.011 (−1.140)
Dual	0.061 (0.470)	0.007 (0.040)	−0.150 (−0.290)
Ratio	0.236 (0.560)	0.615 (0.810)	−0.167 (−0.130)
Big4	0.049 (0.250)	0.176 (1.630)	−0.114 (−0.100)

续表

变量	成长期	成熟期	衰退期
MI	0.038**	0.013	0.061
	(2.060)	(0.810)	(0.700)
Size	−0.433*	−0.017	1.723
	(−1.690)	(−0.050)	(1.480)
Roa	7.294***	7.164***	7.810***
	(4.920)	(4.590)	(3.310)
Lev	−0.023	−0.259	−1.500**
	(−0.070)	(−0.860)	(−2.140)
Inv	0.345*	0.506*	−0.459
	(1.810)	(1.900)	(−0.220)
Growth	0.064	0.240**	0.321
	(0.760)	(2.260)	(0.990)
Top1	0.163	−0.375	2.034**
	(0.740)	(−0.940)	(2.030)
Inst	0.007	0.024	0.074
	(0.460)	(1.210)	(0.590)
Constant	8.261***	3.622	−15.564
	(2.680)	(0.820)	(−1.290)
Year	控制	控制	控制
Ind	控制	控制	控制
N	2 300	1 739	937
Chi^2	539.895	541.757	121.063

注：（1）表中括号内数值为Z统计量；（2）***、**、*分别表示1%、5%、10%的显著性水平。

表3-10的结果表明，无论采用哪种生命周期分类方法，都不会从根本上对媒体关注与内部控制有效性的关系产生影响。经过上述四种稳健性测试，本书主要的研究结果均未发生明显变化，故研究结论是稳健的。

3.2　媒体关注对内部控制有效性的影响分析：基于不同内部控制目标

　　媒体关注对内部控制有效性的影响已经引起部分学者关注。赵渊贤和吴伟荣（2014）首次研究了报纸媒体关注对上市公司内部控制有效性的影响，研究发现媒体关注对上市公司内部控制有效性有显著的正向作用。逯东等（2015）进一步研究了百度新闻和报纸媒体对不同产权性质上市公司内部控制有效性的影响，发现百度新闻和政策导向报纸媒体对上市公司内部控制有效性有显著提升作用，且这种提升作用仅限于中央国有企业和民营上市公司，对地方国企内部控制有效性的影响不显著。杨德明和赵璨（2015）通过对国有上市公司样本的研究发现，媒体可以监督高管行为，缓解内部控制无法制约高管权力的局限性。许瑜等（2008）研究了CEO股权激励对媒体关注与上市公司内部控制有效性之间的调节作用，发现CEO股权激励能显著促进报纸媒体关注对上市公司内部控制有效性的提升。

　　通过对现有相关文献的梳理可以发现，已有研究均肯定了百度新闻与报纸媒体对上市公司内部控制的治理作用，但随着微信越来越成为公众获取信息方便快捷的渠道，其能否影响上市公司的内部控制建设与实施效果也成了重要话题。众所周知，随着信息和互联网技术不断发展，微信这一新兴媒体当前扩张势头迅猛，微信已经成为公众获取信息的重要渠道。相比于传统媒体，微信媒体具有用户规模优势，覆盖范围更为广泛，信息传播更为迅速。在微信媒体影响力不断扩大的背景下，微信媒体关注能否发挥外部公司治理作用？这是本书重点研究的问题。

　　另一方面，当前我国上市公司内部控制的建设、评价与审计已经被监管部门纳入强制实施范围，成为治理上市公司行为的正式制度。理论上，内部控制内生于公司营运体系，应由公司主动设计与实施。然而，由于我国内部控制理念相对落后，很多公司对内部控制的认识不够全面，对完善与执行内部控制缺乏主动性。此外，有效的内部控制会限制、约束管理层行为，而代理问题的存在也会使管理层对内部控制建设有所抵触，导致我国上市公司内部控制实施效果并不理想。在公司内部治理力量相对薄弱的情况下，外部治理就显得格外重要。尽管现有文献已探讨过外部审计质量（刘玉廷和王宏，

2010)、机构投资者等因素对内部控制有效性的影响，但关于媒体这一重要外部治理机制对上市公司内部控制有效性影响的研究仍显不足。鉴于此，本书旨在研究媒体，尤其是微信这一新兴自媒体对上市公司内部控制有效性的影响，以弥补现有研究的不足，并为当前背景下如何提升我国上市公司内部控制有效性提供新路径。

　　2008年发布的《企业内部控制基本规范》将合法合规、资产安全、财务报告及相关信息真实完整、经营效率和效果的提高，以及战略目标的实现定为内部控制的五个目标。而这五个目标又可以进一步划分为法律法规遵循目标（包括合法合规、财务报告目标）和经营决策有效目标（包括资产安全、效率和效果、战略目标）。法律法规遵循目标是内部控制目标实现的前提，而经营决策有效目标是保证企业持续经营的动力，也是企业的最终目标。若微信媒体关注能够对上市公司内部控制有效性产生影响，那么这种影响体现在促进了法律法规遵循目标的实现，还是经营决策有效目标的实现，抑或是两者兼有之？这也是本书要研究的重要问题。同时，考虑到国有上市公司在我国上市公司中仍占很大比重，且不同产权性质的上市公司在要素禀赋和管理者面临的主要压力上存在差异，因此，本书有必要探究微信媒体关注对不同产权性质上市公司内部控制目标实现的影响是否存在差异。

3.2.1　理论分析与假设提出

　　（1）媒体关注对内部控制整体有效性的提升作用

　　《企业内部控制基本规范》及其配套指引对上市公司内部控制建设提出了强制性要求，但监管部门缺乏充足的资源对上市公司进行严格监督可能导致政策落实不到位，而媒体对上市公司的关注则缓解了监管部门注意力不足这一局限。媒体通过发布原创信息和传播已有信息来发挥其公司治理作用（Miller，2006）。一方面，在当前信息爆炸的时代，公众注意无疑成为一种稀缺资源，因而媒体会更加勤勉地盯住上市公司并试图挖掘其存在的问题或是其成功的独到之处，以引起公众关注。甚至上市公司一些较为隐蔽的"擦边球"行为也难以逃出媒体的"法眼"，如和邦生物（603077）的"最熟悉的陌生人当董事长""体外子公司"等隐蔽的关联方关系被微信媒体曝光。实际上，很多上市公司的舞弊事件往往由媒体而非审计发现（贺建刚等，2008）。另一方面，即使媒体仅仅是对已有重要信息的传播同样能起到公司治理的作用，正如李焰和王琳（2013）的研究所指出，中国媒体公司治理作用的发挥依靠的是媒体强大舆论压力所引起的行政介入。即使媒体没有发布原创性的信息，但通过其强大的传播能力将消息内容进行更广泛的覆盖，引发更多人的关注，同样会对相关责任主体造成压力，最终发挥其公司治理功能。

目前，微信公众号已然成为人们日常生活中重要的信息来源，大量的媒体报道将上市公司置于更透明的环境之中，依靠深入的报道及巨大的人群覆盖率发挥事前治理作用，缓解代理问题并提升上市公司内部控制有效性。已有文献研究媒体的公司治理作用时倾向于关注媒体的负面报道，但本书认为无论是正面报道还是负面报道，受到较多媒体关注时，上市公司治理层和管理层都会更加积极地完善企业内部控制建设，提高内部控制质量，防止出现违法违规行为而被媒体曝光，尤其是在当前内部控制强制实施的背景下。梁上坤（2017）的研究也发现未区分媒体正负面情绪的媒体报道能够显著抑制上市公司的费用黏性，且进一步利用区分媒体正负面报道的数据与不区分媒体正负面报道的数据进行实证检验，得出了同样的研究结论。因而本书未对媒体的正负面报道进行区分。

此外，微信已经成为我们日常沟通交流、获取信息必不可少的渠道，政府平台、各大主流传统媒体（如证券日报、中国证券报等）、证券研究所、证券研究个人爱好者都顺应时代趋势纷纷开设微信公众号用以发布原创消息及传播其他机构或个人发布的消息。相对于传统媒体，微信自媒体平台的发展从以下两方面进一步提升了资本市场信息的利用效率：第一，加剧媒体行业竞争，降低媒体被购买的可能性。微信自媒体平台快速发展加剧了媒体行业的竞争，也倒逼传统媒体的改革。首先，激烈的市场竞争使得各个媒体平台必须对上市公司进行深入跟踪获取更多的第一手信息并迅速将信息发布才能获得更多的关注。其次，激烈的市场竞争也形成了微信自媒体间的"声誉"治理机制，各个自媒体平台必须发布真实可靠的消息才能得到用户的关注。最后，更大的竞争意味着媒体被收买的可能性更低。才国伟等（2015）研究发现报纸媒体存在与企业的"合谋"行为，但微信媒体"合谋"的可能性大大降低，一方面，众多微信公众号主体的存在使得事件主体企图通过收买媒体引导舆论走向变得不可能；另一方面，激烈的竞争也会增加媒体寻租成本。第二，提高信息传播效率。微信公众号以及朋友圈的出现，使得轰动消息如病毒般在微信用户间传播，能引发更大的轰动效应。虽然有些消息并非微信自媒体平台原创，可能来源于报纸媒体的报道或是其他渠道，但大部分人仍最先通过微信接触到实时消息。而随着通过看报纸获取实时消息的人越来越少，覆盖率更高的微信媒体更能迅速吸引社会公众和监管部门的关注，进而引入行政干预，从而影响上市公司内部控制有效性。据此，本书提出假设1：

假设1：上市公司受到的媒体关注越多，其内部控制有效性越高。

（2）媒体关注对内部控制不同层面目标的影响

微信媒体关注对法律法规遵循情况的监督有清晰的法律法规及相关披露制度作为依据。当企业经营活动或财务报告信息披露违反相应的监管规则及披露规制时，很容易被识别出来，而且这种违规行为属于不可辩解性违规行为。公司一旦被揭露出存在相关违规行为，则会面临较大的行政处罚风险以及严重的形象损失。因而，上市公司会尽力防止出现违反法律法规的问题，以免被微信媒体披露出来。而如果公司已经发生了违反法律法规的事件，在微信媒体的广泛报道下，也会加大对相关问题的重视程度，及时纠正，最终实现法律法规遵循目标。因而，本书提出假设2：

假设2：媒体关注对上市公司法律法规遵循层面目标产生显著正向影响。

经营决策有效目标能否实现则取决于管理层的才能及努力程度。媒体无法左右管理层才能，而能否影响管理层努力程度则取决于其对上市公司信息挖掘的深度。若微信媒体报道足够深入，并能够通过减缓信息不对称程度以降低委托代理成本，进而促使管理层更加努力工作，则将有助于提升上市公司内部控制经营决策层面的有效性。杨德明和赵璨（2015）的研究发现，媒体可以监督高管行为，缓解内部控制无法制约高管权力这一局限性。当前微信媒体覆盖面广，影响力大，并有很多微信公众号对上市公司进行跟踪报道，深入挖掘上市公司信息，降低委托代理成本，提高上市公司经营决策有效层面内部控制目标的实现水平。基于上述分析，本书提出假设3：

假设3：媒体关注对上市公司经营决策有效层面目标产生显著正向影响。

（3）媒体关注对不同产权性质上市公司内部控制目标实现程度的影响

微信媒体关注对上市公司内部控制有效性的提升作用受公司对市场风险的敏感程度及完善内部控制建设意愿的影响。公司对市场风险越敏感，微信媒体关注对其内部控制有效性的监督作用越好；公司完善内部控制建设意愿越强，微信媒体关注对其内部控制有效性的提升效果越明显；反之亦然。然而，公司对市场风险的敏感程度及完善内部控制建设的意愿与公司的产权性质密不可分，微信媒体关注对不同产权性质上市公司内部控制有效性的提升作用也有差别。

对于非国有上市公司而言，一方面，其更加重视公司形象，对市场风险也更加敏感（刘启亮等，2012）。如果公司形象受损，其产品的市场竞争力、获取财政补贴以及优惠政策的能力都会受到很大影响（杨洁和郭立宏，2017），尤其是在出现违反法律法规问题的情况时。因而，当非国有上市公司受到大量的媒体关注时，其会迅速做出反应，完善其在法律法规遵循目标方面的内部控制建设，以防止公司形象受损以及遭受行政处罚。另一方面，非国有上市公司面对的市场竞争更加激烈，而能有效防范企业风险的内部控制对保障其健康可持续发展更为重要。当受到媒体关注时，非国有上市公司会更积极主动完善其在内部控制经营决策有效目标方面的建设，进而从实质上促进企业战略目标的实现。

国有上市公司承担着国家的政策性负担，政府对国有上市公司的政策性负担给予补偿进而国有上市公司享受市场准入、税收以及银行资金等方面的便利。但由于政府并不能清晰地计算政策性负担给国有上市公司造成了多大的损失，使得很多国企将经营性亏损也归于政策性亏损享受政府补贴，出现了国企"预算软约束"（林毅夫，2012）。对于国企而言，经理人可以通过努力工作提高效率或是索要更多的财政补贴实现收入目标及政治目的，当然第二种方法更简单快捷，这也导致了国有上市公司效率可能较为低下，也没有动力从实质上完善内部控制建设。基于当前政府主导内部控制建设的背景下，国有上市公司对政府政策的响应应该更加积极。从《关于 2012 年主板上市公司分类分批实施企业内部控制规范体系的通知》可以看出，财政部等部委对国有上市公司内部控制建设提出了更高的要求，但对于非国有上市公司则依据公司治理基础、市值规模等方面情况给予了一定豁免，可以延期实施企业内部控制规范体系。因而国有上市公司可能更加注重合规而非效率。当受到微信媒体关注时，国有上市公司则可能尽量避免被揭露出其存在违反法律法规遵循方面的问题，否则其负责人很可能会受到更为严重的问责。"预算软约束"使得国有上市公司对效率和效果层面内部控制缺乏重视。

基于上述分析，本书提出假设4：

假设4：媒体关注能够对非国有上市公司的法律法规遵循目标和经营决策有效目标都产生显著正向影响，但只能对国有上市公司的法律法规遵循目标产生显著正向影响。

3.2.2 研究设计

（1）样本选择与数据来源

本书选取了中国沪深两市A股主板上市公司2015—2016年的样本数据。同时，剔除如下样本：①被ST、*ST的上市公司；②证券简称容易混淆的上市公司，如"百合花""老百姓""电子城"等；③含缺失值的样本。最终样本数为3 130个。

本书所使用的内部控制有效性数据来源于中国内部控制研究中心课题组研发的中国上市公司内部控制指数，媒体报道数据通过"搜狗微信搜索引擎"（http：//weixin.sogou.com/）手动搜集整理，其他数据从国泰安数据库中获取。

（2）变量定义与衡量

① 内部控制有效性。内部控制有效性无法直接进行观测和衡量，一般通过内部控制缺陷或者构建内部控制有效性评价指数进行衡量。现阶段，上市公司内部控制缺陷的信息质量并不高，所以本书不采用此种方法对内部控制有效性进行衡量，而是采用构建的评价指数。目前，关于内部控制有效性比较有代表性的评价方法有两种：一是根据内部控制五个目标实现情况来评价，即迪博内部控制指数；二是根据内部控制五要素的设计情况来评价。这两种评价法都有合理性，但前者对内部控制设计效果考虑不够，后者对内部控制执行效果考虑不足。本书采用了中国内部控制研究中心自行研发的内部控制指数作为内部控制有效性的衡量标准。该指数是在借鉴目前两种代表性方法的基础上，将内部控制设计情况和实施效果整合到一个评价体系，且将内部控制自我评价意见和内部控制审计意见作为修正因素来衡量内部控制实质有效性。

② 媒体关注。将微信媒体对上市公司报道的数量作为媒体关注的替代变量。通过"搜狗微信搜索引擎"（http：//weixin.sogou.com/）精确搜索上市公司简称，微信搜索引擎会自动搜索出公众号推送全文中含有上市公司简称的文章数量，以此作为微信媒体报道数量。

③ 控制变量。借鉴以往文献的研究成果，本书选取了以下控制变量：A.政府干预程度。赵渊贤等（2014）的研究表明政府干预程度会影响内部控制质量。借鉴赵渊贤等的做法，采用王小鲁等（2016）构建的政府与市场关系指数来衡量政府干预程度。该指数目前只包括了2008—2014年的数据，因而本书利用2008—2014年得分增长率的算术平均数计算得出2015年的政府与市场关系指数得分，并用同样的方法计算得出2016年

的指数得分。B.除以上控制变量外，本书还控制了以下变量：机构投资者持股比例（Inst）、非流通股比率（Nontra）、是否被四大审计（Big4）、两权分离率（Separ）、董事会规模（Board）、CEO两职兼任（Dual）、所有权性质（Own）、公司规模（Size）、上市年限（Age）、资产负债率（Lev）、总资产净利率（Roa）以及公司成长性（Growth）。此外，Gong等（2013）发现交叉上市会影响上市公司内部控制的有效性，因而进一步控制公司是否在A股和H股交叉上市（Cross）。为了控制行业和年份差异的影响，本书还设置了行业和年份虚拟变量。表3-11列示了本书主要研究变量的符号和定义。

表3-11　　　　　　　　　　　　主要变量的符号和定义表

变量名称	变量符号	变量定义
内部控制有效性	IC	中国内部控制研究中心构建的上市公司内部控制指数
微信媒体关注度	Media	微信公众号对上市公司报道数量加1的自然对数
政府干预程度	Gov	根据王小鲁等（2016）构建的政府与市场关系指数得分计算而来
机构投资者持股比例	Inst	机构投资者持股比例
非流通股比率	Nontra	公司非流通股股数与总股数比率
是否被四大审计	Big4	财务报告审计单位为四大会计师事务所为1，否则为0
两权分离率	Separ	控股股东控制权与现金流权分离程度
董事会规模	Board	董事会规模的自然对数
CEO两职兼任	Dual	CEO两职兼任则为1，否则为0
所有权性质	Own	国有上市公司为1，否则为0
公司规模	Size	公司年末资产总额的自然对数
上市年限	Age	公司上市年限加1的自然对数
资产负债率	Lev	公司年末负债总额与资产总额的比值
总资产净利率	Roa	净利润与平均资产总额的比值
公司成长性	Growth	当年营业收入与上年营业收入比值减1
是否交叉上市	Cross	若公司在A股和H股交叉上市，则取值为1，否则为0
行业变量	Ind	行业哑变量
年度变量	Year	年份哑变量

（3）实证模型设计

媒体关注度与内部控制有效性可能存在内生性问题。一方面，媒体关注度会对上市公司的内部控制质量产生影响；另一方面，内部控制质量的高低也会导致媒体关注度的不同。媒体作为一个营利性机构，其取得利润最根本的途径就是吸引公众的注意。在如今信息爆炸式传播的时代，消息的内容要足够轰动才能够引起公众的关注。为了吸引公众注意，媒体可能只愿意报道更容易引起公众注意的消息（熊艳等，2011；徐莉萍和辛宇，2011）。公众的眼球通常更容易偏向两个极端，即内部控制特别好的公司和内部控制特别差的公司。因而，公司的内部控制有效性水平也可能影响到媒体关注的数量，即媒体关注和内部控制有效性之间可能存在着因果关系。借鉴 Fan 等（2005）和罗进辉（2012）的做法，本书利用联立方程模型控制内生性问题，同时利用3SLS方法进行参数估计，进而检验本书的研究假设，如模型3-2所示：

$$\begin{cases} IC_{i,t} = \alpha_0 + \alpha_1 Media_{i,t} + \alpha_2 Media_{i,t-1} + \sum \alpha_j Governances_{i,t} + \sum \alpha_k Control_{i,t} + \varepsilon_{i,t} \\ Media_{i,t} = \beta_0 + \beta_1 IC_{i,t} + \sum \beta_m Control + \varepsilon_{i,t} \end{cases} \quad \text{模型3-2}$$

模型3-2包含了两个计量模型：第一个模型反映了媒体关注对上市公司内部控制有效性的影响。同时，为了检验媒体关注对上市公司内部控制有效性是否会产生长期影响，本书还在模型中加入了滞后一期的媒体关注水平变量。第二个模型检验内部控制有效性对媒体关注的影响。

其中，$IC_{i,t}$ 表示内部控制有效性水平；$Media_{i,t}$ 表示微信媒体的关注度；已有文献表明，企业的公司治理特征，如机构投资者持股比例（Inst）、非流通股比率（Nontra）、两权分离率（Separ）、董事会规模（Board）、CEO两职兼任（Dual）等公司治理变量会影响公司内部控制有效性（Ashbaugh-Skaife 等，2008），因而在第一个模型中，本书控制了上述公司治理变量，在模型3-2中用 $Governances_{i,t}$ 表示。同时，也有文献表明，公司所在地区政府干预程度（Gov）、是否被四大审计（Big4）、所有权性质（Own）、是否交叉上市（Cross）、公司规模（Size）、资产负债率（Lev）、总资产净利率（Roa）、公司成长性（Growth）等变量也会影响上市公司内部控制有效性水平（李培功和沈艺峰，2010），因而这些变量也包括在第一个模型的控制变量之中，用 $Control_{i,t}$ 表示。参考罗进辉（2012）及逯东等（2015）的研究设计，第二个模型中的控制变量包括机构投资者持股比例（Inst）、非流通股比率（Nontra）、公司规模（Size）、资产负债率（Lev）、总资产净利率（Roa）、公司成长性（Growth）、所有权性质（Own）以及上市年限（Age）指标。除此之外，两个模型都控制了行业和年份变量。

3.2.3 实证结果与分析

（1）主要变量的描述性统计

根据表3-12可知，2015—2016年期间，沪深两市A股主板上市公司内部控制有效性评分的平均值为65.890，整体来看，内部控制有效性并不高。内部控制最高评分为100分，最低只有26.170分，可见，虽然在政府部门的积极推动下，我国上市公司内部控制的建设与实施情况不断趋于完善，但仍有很大的提升空间。所有权性质变量的平均值为0.470，表明样本公司中接近一半的上市公司为国有上市公司，国有股权仍在我国上市公司中占有很大比重。总资产净利率的平均值和中位数分别为3.46%和2.93%，说明沪深两市A股主板上市公司的整体盈利能力还较低。

表3-12　　　　　　　　　　　主要变量描述性统计

变量	样本量	平均值	中位数	标准差	最小值	最大值
IC	3 130	65.890	68.240	8.890	26.170	100.000
Media	3 130	7.920	8.180	1.440	0.000	11.010
Inst	3 130	0.250	0.110	0.250	0.000	1.010
Nontra	3 130	0.180	0.050	0.240	0.000	0.960
Gov	3 130	7.080	6.760	2.220	0.000	100.000
Big4	3 130	0.080	0.000	0.270	0.000	1.000
Separ	3 130	5.110	0.000	7.790	0.000	39.630
Board	3 130	2.150	2.200	0.210	1.100	2.890
Dual	3 130	0.200	0.000	0.400	0.000	1.000
Own	3 130	0.470	0.000	0.500	0.000	1.000
Size	3 130	22.620	22.410	1.500	17.390	30.810
Age	3 130	2.530	2.800	0.640	0.570	3.410

续表

变量	样本量	平均值	中位数	标准差	最小值	最大值
Lev	3 130	0.470	0.470	0.210	0.020	1.280
Roa	3 130	3.460	2.930	6.220	−77.470	66.890
Growth	3 130	1.010	0.050	33.990	−0.920	1 878.000
Cross	3 130	0.040	0.000	0.200	0.000	1.000

为了剔除极端值可能对回归结果造成的影响，本书对所有连续变量进行了上下1%的Winsorize处理。同时，考察所有主要变量的VIF值，结果显示其都小于2，因而不存在多重共线性问题。

（2）实证结果分析

①假设1的回归结果分析

根据表3-13的回归结果可知，当期微信媒体的关注（$Media_{i,t}$）对企业内部控制有效性的回归系数在5%的显著性水平上为正，表明微信媒体对上市公司的关注有助于提升其内部控制有效性，即假设1得证。在模型（2）中，内部控制有效性（IC）对微信媒体（$Media_{i,t}$）的回归系数显著为正，表明上市公司内部控制有效性的高低的确能够显著影响媒体对其关注程度，且微信媒体更倾向于关注内部控制有效性水平高的上市公司，即微信媒体不仅仅通过报道上市公司存在的问题提升其内部控制有效性，微信媒体对上市公司的正面报道同样能促进上市公司内部控制有效性的提高。

表3-13   微信媒体关注与内部控制有效性关系的联立方程回归结果

变量	模型（1）	模型（2）
IC		0.8324***
		(4.66)
$Media_{i,t}$	0.9646**	
	(2.25)	
$Media_{i,t-1}$	0.1420	
	(0.54)	

续表

变量	模型（1）	模型（2）
Inst	−1.1419*	1.0500*
	(−1.67)	(1.86)
Nontra	−0.5937	0.5409
	(−1.15)	(1.40)
Size	1.1712***	−0.9728***
	(12.93)	(−3.79)
Lev	−1.0148*	0.8345
	(−1.72)	(1.59)
Roa	0.2187***	−0.1828***
	(11.41)	(−4.24)
Growth	0.6921***	−0.5625***
	(4.20)	(−3.32)
Big4	−0.0085	
	(−0.08)	
Gov	−0.0015	
	(−0.09)	
Separ	0.0002	
	(0.08)	
Board	−0.0017	
	(−0.01)	
Dual	0.0053	
	(0.03)	
Own		−0.0660
		(−0.37)
Age		−0.0523
		(−0.62)

续表

变量	模型（1）	模型（2）
Cross	3.2865***	−2.7190***
	(6.25)	(−3.73)
Constant	36.1075***	−29.1434***
	(13.06)	(−3.85)
Ind	控制	控制
Year	控制	控制
Chi^2	9 023.98	73.62
N	3 130	3 130

注：***、**、*分别代表1%、5%和10%的显著性水平，括号内的数字表示Z统计量。下表同。

此外，企业规模（Size）、总资产净利率（Roa）及公司成长性（Growth）的回归系数在模型（1）中显著为正，说明规模大、盈利能力强、成长快的上市公司内部控制有效性更高。但资产负债率（Lev）的回归系数在模型（1）中显著为负，表明资产负债率高的上市公司内部控制有效性水平较差。

②假设2和假设3的回归结果分析

将上市公司内部控制五个维度目标各自的得分情况分别带入模型3-2进行3SLS方法估计后，回归结果见表3-14。根据表3-14可知，当期微信媒体关注（$Media_{i,t}$）对内部控制合法合规和财务报告可靠目标的回归系数均在5%的显著性水平上为正；前期微信媒体关注（$Media_{i,t-1}$）对合法合规目标的回归系数在10%的显著性水平上为正。实证结果表明微信媒体关注能对上市公司内部控制法律法规遵循层面目标产生显著正向影响，且这种正向影响具有一定的持续性，假设2得证。当期微信媒体关注（$Media_{i,t}$）对内部控制资产安全目标的回归系数在5%的显著性水平上为正，前期微信媒体关注（$Media_{i,t-1}$）对内部控制效率和效果目标及战略目标的回归系数均在1%的显著性水平上为正，实证结果表明微信媒体关注能实质上影响到企业经营，提升上市公司经营决策有效目标的实现水平，假设3得证。同时，微信媒体关注对内部控制效率和效果目标及战略目标的作用具有一定的滞后性。

表3-14　　　　　微信媒体关注对内部控制不同层面目标影响的回归结果

变量	法律法规遵循目标		经营决策有效目标		
	合法合规	财务报告可靠	资产安全	经营效率和效果	战略目标
$Media_{i,t}$	0.2418**	0.2332**	0.1881**	0.0387	0.2128
	(2.23)	(2.03)	(2.36)	(0.45)	(1.60)
$Media_{i,t-1}$	0.1131*	0.0693	0.0532	0.2375***	0.2826***
	(1.66)	(0.96)	(1.08)	(4.38)	(3.33)
Inst	0.0606	0.0419	−0.1982	0.0613	0.0478
	(0.71)	(0.49)	(−1.57)	(0.45)	(0.29)
Nontra	−0.1380	−0.1167	−0.0545	−0.0566	0.0379
	(−1.08)	(−0.86)	(−0.57)	(−0.54)	(0.24)
Size	0.1256***	0.2012***	0.1085***	0.0790***	0.5586***
	(5.83)	(8.93)	(6.49)	(4.29)	(19.93)
Lev	−0.4410***	−0.6552***	−0.0752	0.1973*	0.0079
	(−3.00)	(−4.17)	(−0.69)	(1.66)	(0.04)
Roa	0.0334***	0.0416***	0.0316***	0.0521***	0.0414***
	(7.02)	(8.18)	(8.94)	(13.52)	(7.03)
Growth	−0.0412	−0.1074**	−0.0046	0.0573*	0.9156***
	(−1.00)	(−2.44)	(−0.15)	(1.73)	(18.05)
Big4	−0.0169	−0.0134	−0.0053	−0.0173	0.0055
	(−0.44)	(−0.30)	(−0.19)	(−0.41)	(0.06)
Gov	0.0007	−0.0007	−0.0006	0.0016	0.0053
	(0.14)	(−0.22)	(−0.20)	(0.28)	(0.45)
Separ	0.0010	0.0001	0.0001	0.0008	−0.0005
	(0.60)	(0.10)	(0.16)	(0.59)	(−0.17)
Board	0.0338	0.0076	0.0035	0.0496	−0.0617
	(0.55)	(0.18)	(0.08)	(0.92)	(−0.55)

续表

变量	法律法规遵循目标		经营决策有效目标		
	合法合规	财务报告可靠	资产安全	经营效率和效果	战略目标
Dual	−0.1906***	−0.1672***	−0.0009	−0.0363	−0.0929
	(−3.21)	(−2.64)	(−0.03)	(−1.15)	(−1.61)
Cross	0.0897	0.0515	0.5595***	0.2137**	0.7128***
	(0.85)	(0.39)	(5.75)	(2.42)	(4.51)
Constant	6.5878***	9.6714***	6.6924***	8.9242***	2.6035***
	(9.96)	(13.75)	(12.98)	(16.40)	(3.03)
Ind	控制	控制	控制	控制	控制
Year	控制	控制	控制	控制	控制
N	3 130	3 130	3 130	3 130	3 130
Chi²	2 891.38	10 439.08	4 549.19	14 016.70	19 076.14

注：限于篇幅原因，本书未列示内部控制有效性对媒体关注的影响，但估计方法仍为3SLS。

③假设4的回归结果分析

表3-15和表3-16分别列示了微信媒体关注对非国有与国有上市公司内部控制不同层面目标的回归结果。根据表3-15可知，一是当期微信媒体关注（$Media_{i,t}$）对非国有上市公司内部控制合法合规和财务报告可靠目标的回归系数分别在5%和10%的显著性水平上为正，表明微信媒体对非国有上市公司的关注能够提升其内部控制法律法规遵循层面目标的实现水平；二是当期微信媒体关注（$Media_{i,t}$）对非国有上市公司当期内部控制的资产安全、经营效率和效果及战略目标的回归系数并不显著，表明微信媒体对非国有上市公司的关注未能提升其当期内部控制经营决策有效目标的实现程度；三是前期微信媒体关注（$Media_{i,t-1}$）对资产安全和经营效率以及效果目标的回归系数分别在5%和1%的显著性水平上为正，而对合法合规和财务报告可靠目标的回归系数不显著，表明微信媒体关注一定程度上提升了非国有上市公司内部控制经营决策有效目标，但需要一个相对长的期限。

表3-15 微信媒体关注对非国有上市公司内部控制不同层面目标的回归结果

变量	法律法规遵循目标		经营决策有效目标		
	合法合规	财务报告可靠	资产安全	经营效率和效果	战略目标
$Media_{i,t}$	0.7200**	0.7058*	0.0629	−0.1096	−0.1116
	(1.99)	(1.77)	(0.32)	(−0.54)	(−0.31)
$Media_{i,t-1}$	−0.1360	−0.0608	0.2179**	0.2986***	−0.0224
	(−0.71)	(−0.29)	(2.13)	(2.78)	(−0.12)
Inst	0.0489	−0.2305	0.2913	0.2851	0.6714**
	(0.14)	(−0.61)	(1.49)	(1.41)	(2.01)
Nontra	−0.3749	−0.3575	0.1019	0.1227	0.1865
	(−1.46)	(−1.37)	(1.17)	(1.35)	(0.74)
Size	0.1377***	0.2300***	0.1159***	0.0413**	0.5882***
	(3.29)	(4.99)	(4.72)	(1.97)	(14.26)
Lev	−0.5274**	−0.9220***	−0.2340	0.3154**	0.1869
	(−2.06)	(−3.54)	(−1.55)	(2.06)	(0.75)
Roa	0.0356***	0.0452***	0.0239***	0.0516***	0.0441***
	(4.52)	(5.44)	(5.28)	(11.01)	(5.74)
Growth	−0.0193	−0.1548**	−0.0080	0.0310	0.7955***
	(−0.31)	(−2.47)	(−0.22)	(0.83)	(13.21)
Gov	0.0004	0.0094	−0.0020	−0.0005	0.0376*
	(0.03)	(0.42)	(−0.28)	(−0.06)	(1.75)
Separ	−0.0007	−0.0005	0.0005	0.0004	−0.0007
	(−0.25)	(−0.09)	(0.17)	(0.23)	(−0.15)
Board	−0.0179	−0.0537	0.0284	0.0107	−0.2227
	(−0.13)	(−0.25)	(0.38)	(0.16)	(−1.08)
Dual	−0.0035	−0.1584*	−0.0189	−0.0215	−0.1828**
	(−0.06)	(−1.71)	(−0.40)	(−0.59)	(−2.05)
Cross	0.6347**	0.6787*	0.8624***	1.1131***	1.2913***
	(1.98)	(1.91)	(4.61)	(5.72)	(4.14)

续表

变量	法律法规遵循目标		经营决策有效目标		
	合法合规	财务报告可靠	资产安全	经营效率和效果	战略目标
Constant	4.5050**	6.2844***	6.5783***	10.4765***	6.4723***
	(2.33)	(2.96)	(6.18)	(9.51)	(3.41)
Ind	控制	控制	控制	控制	控制
Year	控制	控制	控制	控制	控制
N	1 667	1 667	1 667	1 667	1 667
Chi^2	589.63	2 242.04	2 204.67	7 576.79	8 343.04

注：限于篇幅原因，本书只列示了一些显著的控制变量且未列示内部控制有效性对媒体关注的影响，但估计方法仍为3SLS。

根据表3-16可知，①当期微信媒体关注（Media$_{i,t}$）对国有上市公司内部控制五个维度目标的实现均未产生显著影响；②前期微信媒体关注（Media$_{i,t-1}$）对当期内部控制合法合规目标的回归系数在1%的显著性水平上为正，对内部控制其他维度目标没有显著影响。这表明微信媒体关注只能对国有上市公司内部控制法律法规遵循目标的实现具有促进作用。

表3-16　微信媒体关注对国有上市公司内部控制不同层面目标的回归结果

变量	法律法规遵循目标		经营决策有效目标		
	合法合规	财务报告可靠	资产安全	经营效率和效果	战略目标
Media$_{i,t}$	−0.4623	−0.0715	−0.0827	−0.1255	−0.2180
	(−1.56)	(−0.23)	(−0.36)	(−0.48)	(−0.60)
Media$_{i,t-1}$	0.6823***	0.1732	0.1275	0.0964	0.0834
	(3.02)	(0.72)	(0.73)	(0.48)	(0.30)
Size	0.1093	0.0494	0.0331	0.0343	−0.1091
	(0.49)	(0.21)	(0.19)	(0.17)	(−0.40)
Lev	0.0756**	0.1561***	0.1144***	0.1144***	0.7670***
	(2.34)	(4.42)	(4.49)	(3.89)	(18.91)

续表

变量	法律法规遵循目标		经营决策有效目标		
	合法合规	财务报告可靠	资产安全	经营效率和效果	战略目标
Roa	-0.4650**	-0.5269**	-0.1007	0.0056	-0.5004*
	(-2.14)	(-2.30)	(-0.61)	(0.03)	(-1.90)
Insti	0.0354***	0.0462***	0.0398***	0.0570***	0.0516***
	(4.50)	(5.58)	(6.66)	(8.26)	(5.41)
Big4	-0.0871	-0.2264	-0.3926*	-0.1159	-0.7084**
	(-0.35)	(-0.80)	(-1.93)	(-0.49)	(-2.18)
Grow	-0.0000	-0.0746	-0.0711	-0.0622	0.1882
	(-0.00)	(-0.55)	(-0.72)	(-0.54)	(1.20)
Separ	-0.0233	0.0514	0.0439	0.0994	0.9308***
	(-0.29)	(0.60)	(0.71)	(1.39)	(9.45)
Board	0.0052	0.0012	0.0045	0.0044	-0.0096*
	(1.31)	(0.25)	(1.28)	(1.08)	(-1.74)
Dual	0.0289	0.2003	0.1551	0.2597*	0.1706
	(0.17)	(1.15)	(1.23)	(1.78)	(0.85)
Cross	-0.4030***	-0.1253	-0.1850**	-0.2141**	-0.1822
	(-3.76)	(-1.12)	(-2.28)	(-2.28)	(-1.42)
Cons	9.1110***	11.9387***	7.8449***	10.2735***	3.2119**
	(8.14)	(9.83)	(8.95)	(10.14)	(2.30)
N	1 463	1 463	1 463	1 463	1 463
Chi²	483.86	4 272.41	851.14	5 477.05	10 769.75

注：限于篇幅原因，本书只列示了一些显著的控制变量且未列示内部控制有效性对媒体关注的影响，但估计方法仍为3SLS。

综合对表3-15和表3-16回归结果的分析，可知假设4成立，即微信媒体关注能够对非国有上市公司的法律法规遵循目标和经营决策有效目标都产生显著正向影响，但只能对国有上市公司的法律法规遵循目标产生显著正向影响。

（3）稳健性检验

本书进行了以下稳健性测试：①利用迪博内部控制指数衡量内部控制有效性，回归结果见模型一。②以上市公司内部控制评价报告中披露的是否存在内部控制缺陷作为内部控制有效性高低的代理变量，运用Logit回归估计方法估计微信媒体关注对内部控制有效性影响，回归结果见模型二。③对所有连续型变量进行了上下5%的Winsorize处理以进一步消除极端值的影响，回归结果见模型三。模型一至模型三中的稳健性检验结果与表3-13的回归结果基本一致，说明本书的研究结论是稳健的。稳健性检验的回归结果见表3-17。

表3-17　　　　　　　　　　　稳健性检验的回归结果

变量	模型一	模型二	模型三	模型四
$Media_{i, t}$	4.8286***	0.1865***	1.2755***	2.9347***
	(2.75)	(4.74)	(2.61)	(4.19)
$Media_{i, t-1}$	−2.1139*	−0.0387	0.0763	−0.4968
	(−1.85)	(−1.09)	(0.22)	(−0.47)
Inst	0.8975	−0.0002	−1.0736	3.4415**
	(0.55)	(−0.00)	(−1.46)	(2.17)
Big4	0.0487	−0.4181**	0.9802***	0.3233
	(0.10)	(−2.50)	(2.62)	(0.51)
Gov	−0.0218	0.0281	0.0771	0.0161
	(−0.22)	(1.34)	(1.48)	(0.20)
Separ	−0.0148	0.0079	0.0003	−0.0560***
	(−1.10)	(1.59)	(0.02)	(−2.62)
Nontra	−4.2441***	0.4832***	−0.5729	−1.6170
	(−3.03)	(2.67)	(−1.09)	(−1.12)
Board	0.3780	−0.4745**	0.9789*	0.4468
	(0.77)	(−2.37)	(1.81)	(0.58)

续表

变量	模型一	模型二	模型三	模型四
Dual	−0.3291	0.2300**	−0.8358***	−0.4524
	(−1.15)	(2.37)	(−3.59)	(−1.14)
Size	1.0141***	−0.1698***	1.2008***	−0.1710
	(5.08)	(−4.35)	(11.54)	(−1.01)
Lev	−2.1332	0.0172	−1.0148	1.7343
	(−1.52)	(0.07)	(−1.61)	(1.28)
Roa	0.5784***	0.0262***	0.2307***	0.1296***
	(13.07)	(3.25)	(9.41)	(3.05)
Growth	0.3612	0.1292*	1.2445***	1.2267***
	(0.92)	(1.84)	(4.18)	(3.20)
Constant	15.7082*	4.3873***	30.7020***	26.8686***
	(1.89)	(3.55)	(9.50)	(4.39)
Ind	控制	控制	控制	控制
Year	控制	控制	控制	控制
Chi^2	650.31	333.49	6 277.16	1 211.67
N	3 106	3 128	3 130	2 951

注：模型一和模型二中内部控制有效性衡量方法为迪博内部控制指数/10。

（4）自选择问题

本书研究发现微信媒体关注可以显著提升上市公司内部控制有效性，且这一显著的正相关关系不是研究样本的自选择问题，即受到媒体关注的公司本身不是内部控制较好的公司，主要有以下几点理由：①搜集上市公司媒体关注数据时本书发现只有23家上市公司微信媒体关注度为0，且这些上市公司并未从样本中剔除；②媒体关注数据为手动搜集，不存在缺漏值，因而研究样本的筛选与媒体关注度无关；③根据回归结果，媒体更倾向于关注内部控制有效性水平高的上市公司，可能存在反向因果问题，本书利用

3SLS 的回归方法一定程度上控制了反向因果问题，保证了研究结论的可靠性；④为了进一步消除样本自选择问题对研究结论的影响，本书利用 2014—2015 年及 2015—2016 年迪博内部控制指数变化量作为因变量，检验微信媒体关注对内部控制变动情况的影响，回归结果见模型四。模型四的回归结果与回归结果基本一致，进一步保证了研究结论的可靠性。

3.3　本章小结

本章从企业生命周期、内部控制目标实现情况和内部控制缺陷修正方面，实证检验了媒体关注对内部控制有效性的影响，丰富了现有文献对媒体关注治理功能的研究，并以实证检验结果回答了本章开篇提出的三个问题。

首先，媒体对处于不同生命周期阶段企业的关注度不同，从"成长期"、"成熟期"到"衰退期"呈现逐渐递减的趋势；媒体关注对不同生命周期阶段内企业的内部控制有效性影响不同：在成长期，媒体关注可以显著提高企业内部控制的有效性；在成熟期，媒体关注对内部控制的有效性依然存在，但不再显著；在衰退期，媒体关注度与内部控制有效性呈现负相关关系。

其次，微信媒体关注可以显著提升上市公司内部控制有效性，这表明随着微信在日常生活中的普及，其在提高信息利用效率的同时也发挥着公司治理作用。通过进一步将内部控制的五个目标区分为法律法规遵循目标和经营决策有效目标两个层面进行研究，发现微信媒体关注不仅能增强上市公司对法律法规的遵循程度，而且能对其经营决策的有效目标产生显著正向影响。其中，对经营效率和效果目标及战略目标的影响具有滞后性。由于国有上市公司"预算软约束"的存在，微信媒体关注对其内部控制有效性的提升作用有限，仅能够提升国有上市公司内部控制法律法规遵循目标的实现水平。相比之下，微信媒体关注对非国有上市公司法律法规遵循目标以及经营决策有效目标均有提升作用。

最后，媒体负面报道可以促进上市公司内部控制缺陷的修正，作为法律外的治理机制，媒体对我国上市公司内部控制缺陷的修正具有积极作用。然而，这种治理作用只在一段时间内有效，两年以上的媒体负面报道难以再促进内部控制缺陷的修正。媒体负面报道可以引发行政干预，而上市公司被行政干预的次数越多，其内部控制缺陷程度越小。行政干预在媒体负面报道影响上市公司内部控制缺陷的过程中起到了中介作用。公司内部治理结构可以调节媒体负面报道的公司治理作用，如独立董事比例越高，受到相同程度媒体负面报道的上市公司内部控制缺陷程度越小。在受到相同程度的媒体负面报道时，与非国企上市公司相比，国企上市公司的内部控制缺陷程度会更低。

4　媒体关注对会计信息质量的影响分析

随着不断规范化发展，媒体已成为企业外部治理中重要的一个环节。众多学者也越来越重视媒体关注对企业会计信息质量的影响。其中，有学者认为媒体关注能够通过不断关注和报道，缓解信息不对称问题；也有学者认为，媒体关注存在市场压力，会迫使企业管理层为了迎合市场预期而采取盈余管理行为。因此，本部分基于会计信息质量视角来探究媒体的公司治理功能，主要从媒体关注对财务重述和企业盈余管理的影响两方面进行分析。

4.1　媒体关注对财务重述的影响分析

财务重述意味着之前披露的财务报告质量低或存在着不同程度上的会计差错。上市公司通过发布补充或更正公告对财务报表进行重述是大股东出于自身利益的操控行为（贺建刚和魏明海，2012）。财务重述可能导致投资者对公司财务状况、经营成果和现金流量做出错误判断，从而可能严重损害投资者利益，还可能使投资者质疑财务重述公司的会计诚信，甚至导致其失去对整个资本市场的信心（Wu，2002）。

财务重述的形式多种多样，不仅包括上市公司在各期财务报告中披露的"前期差错更正""会计差错更正""差错更正"等，还包括各种补充更正公告。财务重述的发生有两种可能的原因：一是上市公司的财务报告中确实存在着非操纵性的差错；二是上市公司为了实现某种目的，将财务重述作为操纵盈余的手段，先把盈余调控过的财务报告公布出来，目的实现后再进行重述。在中国证券市场起步较晚、市场运作机制还不完善的背景下，上市公司财务重述更多是由后者引起（曲琳琳，2015）。为了减少此类财务重述的发生，提高上市公司信息质量，促进资本市场的健康有序发展，证监会于2016年修订并发布了《公开发行证券的公司信息披露内容与格式准则》第2、第3号和《公开发行证券的公司信息披露编报规则》第13号。

与此同时，媒体关注能否治理上市公司财务重述也引起资本市场的重视。孙坤等（2016）研究发现了媒体关注治理作用的普遍适用性。已有文献多以传统报纸媒体为研究对象研究这一问题。此外，贺建刚等（2008）从财务重述的角度出发，将媒体作为一个外界环境，探讨在不同媒介环境下控制权对财务重述的影响，结果发现随着媒介环境的改善，与大股东滥用控制权有关的公司治理缺陷显著减少。已有研究表明报纸媒体报道能够治理上市公司财务重述。

随着信息技术和网络的不断发展，人们获取信息的方式不再局限于传统的报纸媒体，以微信为代表的新兴媒体迅速崛起，其以信息发布便捷、传播速度快、传播互动性强、传播成本低廉等天然优势迅速成为人们获取信息、沟通交流的主要传播平台（程果，2015）。微信平台自亮相以来用户量与日俱增，成为继微博之后又一个备受个体和企业欢迎的网络社交媒体平台，我国已然进入了"微"时代。

在人们获取信息的途径已经发生了极大转变的背景下，微信媒体能否有效减少上市公司财务重述的发生引起了理论界的关注。同时，传统媒体对于公司财务重述的治理作用是否被削弱甚至被微信这一新媒体所取代也引发了思考。有学者认为媒体关注的公司治理作用主要受其主办方影响，李培功和沈艺峰（2010）认为市场导向媒体对上市公司的报道更为普遍和深入，相对于政策导向媒体具有更加积极的治理作用。对于微信媒体而言，虽然目前很多政府部门开放了官方的微信平台，但其主要目的多是搜集意见、倾听民意、发布政策信息、服务大众，并不会普遍关注上市公司的治理情况，对上市公司的报道少之又少。因此，微信媒体多是以市场为导向。

不同媒体类型对上市公司财务重述的影响差异是本书的研究重点。区别于以往研究，本书的贡献主要体现在两方面：（1）紧跟时代发展潮流，研究以微信为代表的新兴媒体对上市公司财务重述的治理作用，以便认识与评价新兴媒体对资本市场的作用，为促进媒体法治化建设提供参考。（2）进一步比较不同类型媒体对上市公司财务重述的影响差异，以便全面认识与评价媒体的治理作用，切实有效地运用上市公司治理的外部机制，为促进资本市场的健康有序发展提供依据。

4.1.1　理论分析与研究假设

（1）微信媒体关注对财务重述的治理作用

媒体借助信息搜集的优势，通过自身的专业知识和资源对现有的信息进行包装，创造出新的信息（Miller，2006），并通过对该种信息的报道，缓解了市场的信息不对称程度，使投资者对上市公司运营行为背后可能存在的"危险"形成相应的估计和判断（醋卫华和夏云峰，2012；Dyck 等，2008），从而增加对上市公司信息的分析水平和利用程度（Bushee 和 Core，2010）。

新技术的大范围应用、信息传播渠道的极大扩展已经影响到社会生活的各个方面。具体到新闻媒体，人们获取信息方式的革命性变化使得各种信息的传播在速度、频率以及容量等方面都出现井喷式发展，以报纸为代表的传统媒体的整体影响力大不如前已成为不争的事实。与新兴媒体相比，传统媒体的不足是伴随技术创新逐渐凸显的。报纸媒体是以传统的大众传播方式向人们发布信息的媒体，每天定时定量发行，受到信息容量、地域、互动性、表达手法和分众化需求等方面的局限，面临着舆论引导能力不足、创新经营能力不足和职业精神培育不足等方面的严峻挑战（李晋豫，2015）。在互联网普及度不断提升的背景下，新兴媒体超越传统媒体的态势日渐明晰（沈艺峰等，2013）。

相比之下，微信不仅传播速度快，可以方便快速地发布信息，能够与用户进行良好互动，而且运行成本十分低廉，因此自其诞生之日起便受到广大用户的认可。微信的快速发展使得传统的社交空间被大大压缩，全新的社交模式得以建立，用户的生活方式、舆论发展方向也随之改变。通过手机网络，用户可以随时随地浏览到不同新闻讯息而不再局限于报纸。在微信平台上，用户不仅仅可以接收信息，还可以通过转发或者发送朋友圈的方式传播信息，同时不受文字、图片、链接等形式的限制，这体现出微信强大的信息传播功能，打破了报纸媒体的区域性限制。微信媒体可能更及时、更大范围、更有效地实现对上市公司财务重述的抑制作用。因此，本书提出假设1：

假设1：微信媒体报道能够抑制上市公司的财务重述，且其抑制作用要强于报纸媒体。

（2）不同类型媒体报道对上市公司财务重述的影响差异

媒体作为重要外部公司治理机制（Gillan，2006），其治理作用的发挥主要表现在三个方面：一是通过声誉机制影响高管声誉及社会公众形象以达到改善公司治理的效果（郑志刚，2004；Robinson，2009；Liu 和 Mcconnell，2013；Dyck 和 Zingales，2002）；二是借助舆论导向引起相关部门介入，从而促进相关法律法规的完善及实施（Besley和 Prat，2006）；三是媒体报道能够迫使企业改正违规行为（Miller，2006），比如通过媒体报道引发了行政机构的介入以促使企业改正违规行为（李培功和沈艺峰，2010）。Glaeser 和 Sheifer（2001）及 Pistor 和 Xu（2005）研究发现在转型经济期，法律治理机制的缺乏，可由国家的行政治理作为保护投资者权益的一种替代机制，这也符合行政治理文献的一般原理。事实上，我国媒体确实是通过引入行政机构的介入来发挥治理作用（李培功和沈艺峰，2010），媒体在政府监管部门和上市公司之间扮演着沟通桥梁的角色。被称为四大证券报的《中国证券报》《证券时报》《证券日报》《上海证券报》是证监会指定的信息披露媒体，属于政策导向报纸媒体，上市公司的各种公告等一手信息均要在这些媒体上进行报道。因此，相比于市场导向报纸媒体，被政策导向报纸媒体曝光的公司更容易引起政府监管机构的高度关注（李培功和沈艺峰，2010），即政策导向报纸媒体能更有效地引入行政干预，这也决定了其权威性和影响力会超过市场导向报纸媒体。

李焰和王琳（2013）研究发现，负面媒体报道会形成由利益相关者构成的声誉共同体，共同体中每个成员有不同程度的声誉受损成本。政府监督也在声誉共同体之列，在收益既定的情况下，声誉受损成本越高，声誉主体（直接责任公司）纠错的动力越大。对于声誉机制，媒体的作用不过是放大了舆论（Dyck 和 Zingales，2002）。迫于大量媒体报道造成的舆论压力，证监会才展开了对五粮液公司损害投资者利益行为的调查（李焰和王琳，2013）。因此，在相关报道使政府监管部门面临声誉受损威胁时，媒体的积极监督作用会依然存在。由于市场导向报纸媒体难以摆脱报纸媒体与技术革命并行等天然生成的局限性，作为新媒体中用户量最多、活跃度最高的即时通信软件同时也是受到个体和公司欢迎的网络社交媒体平台，微信媒体对社会舆论的放大效果是传统媒体远不能比的，这使得上市公司各种机会主义行为受到了更有效的监督。逯东等（2015）研究发现在政府主导内部控制建设的发展模式下，网络媒体报道和政策导向报纸媒体报道能提高上市公司内部控制有效性，但市场导向媒体报道却很难。因此，本书提出假设2：

假设2：同为报纸媒体，政策导向报纸媒体报道对上市公司财务重述的抑制作用要强于市场导向报纸媒体；同样以市场为导向，微信媒体报道对上市公司财务重述的抑制作用要强于市场导向报纸媒体。

（3）不同类型媒体报道对不同产权性质公司财务重述的影响

在政府主导经济发展的转型背景下，非国有上市公司主要面临的是政策风险和市场风险。非国有上市公司往往通过构建CEO的政治关联来化解政策风险（逯东等，2013），而对于市场风险，则需要上市时刻关注，积极主动提高自己应对市场风险的能力。杨洁和郭立宏（2017）研究发现当市场上出现负面新闻影响到产品的市场竞争力以及公司的形象时，非国有上市公司由于所有权较为明晰且拥有薪酬激励制度，可以保持较高的危机感，往往可以通过解释声明来维护公司及其产品的正面态度，以获得利益相关者的支持、降低报道对消费者需求和公司绩效的负面影响。在不同类型的媒体报道中，微信媒体作为一种崭新的传播形态对社会各领域都产生了重要影响，其中包括改变人们的生活方式，引导社会舆论的发展，影响公司的市场环境等。在生存、发展、获利的终极目标引导之下，非国有上市公司将会主动管控微信媒体带来的市场风险。

国有上市公司的所有权、高管任命权均归属于政府，其经营行为很大程度上受到行政力量的影响。唐雪松等（2010）研究发现，为了促进地方GDP增长，非国有上市公司往往由于地方政府的干预出现投资过度的行为，而且地方政府持股方式的不同并不会使地方干预有所差异。薛云奎和白云霞（2008）研究发现为了解决失业问题，国有上市公司承担了较多的冗余雇员，而冗余雇员显著降低了雇员尤其是高管的薪酬对业绩的敏感性，导致公司代理成本增加。实际上，地方政府为了实现各种政治目的和经济目的往往会对当地国有公司长期施以"掠夺之手"（Xu等，2016），国有上市公司对市场风险并不敏感。因为缺乏必要的市场竞争和预算约束，以市场为导向的报纸媒体和微信媒体也难以发挥监督治理作用。而政策导向报纸媒体是证监会指定的信息披露媒体，均为国有性质的终极控制人所掌控，主办单位的官方背景使其具有政策传达的功能，政府监管机构往往会高度关注被政策导向报纸媒体曝光的公司，必要时将通过行政力量介入相关事件的调查，这会给国有上市公司带来更大的压力。因此，本书提出假设3：

假设3：微信媒体报道能够对非国有上市公司的财务重述产生显著负向影响，政策导向媒体报道能够对国有上市公司的财务重述产生显著负向影响。

4.1.2 研究设计

（1）样本选择与数据来源

本书选取沪深两市 A 股上市公司 2015 年的样本数据。选取 2015 年的财务重述样本是因为上市公司进行财务重述存在较长的滞后期，2016 年的财务重述数据并不完整，而微信媒体报道从 2015 年开始爆发式增长，因此 2015 年更具代表性。同时，本书为了避免异常数据的影响，做了以下剔除：一是证券简称容易混淆的上市公司样本，例如，"好想你""星期六""深圳机场"等；二是金融保险业的上市公司样本；三是财务数据缺失的上市公司样本，最终得到 1 543 个样本观测值。

本书媒体报道数据通过"搜狗微信搜索引擎"（http://weixin.sogou.com/）和"中国重要报纸全文数据库"手动搜集整理；上市公司财务重述数据通过手动搜集上市公司发布的年度报告、补充及更正报告等取得；其余数据均来源于国泰安数据库。

（2）变量定义与衡量

①媒体关注

本书分别采集了微信媒体和报纸媒体对上市公司报道数量来衡量媒体关注度。其中，微信媒体报道数据通过"搜狗微信搜索引擎"（http://weixin.sogou.com/）精确搜索上市公司简称，微信搜索引擎会自动搜索出公众号推送全文中含有上市公司简称的文章数量；借鉴李培功和沈艺峰（2010）的研究方法，通过"中国重要报纸全文数据库"手动搜集报纸的媒体报道作为传统媒体报道数量，其中以《中国证券报》《证券日报》《证券时报》《上海证券报》《中国经营报》《经济观察报》《21 世纪经济报道》《第一财经日报》的报道作为报纸媒体报道，这 8 份财经报纸中前 4 份作为政策导向媒体，后 4 份作为市场导向媒体。通过全文搜索上市公司证券简称的方式获取媒体报道数量。

②上市公司财务重述

本书将年度财务报告出现错误且被以后年度修正的、发布补充及更正公告的情况视为财务重述，不包括应法律法规或交易所要求的财务重述，且以年度报告出现错误的年度作为财务重述年度。

③控制变量

根据已有研究，除了主要关注的变量外，还存在其他因素可能影响上市公司的财务重述。因此，本书同时对这些可能影响上市公司财务重述的主要变量进行了控制，包括资产负债率（Lev）、总资产净利率（Roa）、公司规模（Ln_size）、公司成长性（Growth）、所有权性质（Nature）、独立董事比率（Inboa）、是否被四大审计（Big4）、股权集中度（Top5）、非流通股比率（Nontra）、是否交叉上市（ABH）以及行业变量等。关于股权集中度，王霞和张为国（2005）指出大股东的存在有利于解决外部股东监督管理者时的"搭便车"难题。当大股东持有绝大多数股权时，公司的业绩几乎等同于大股东的收益，此时大股东有动机去要求公司建设强有力的内部控制制度以阻止或发现会计差错。同时，大股东对公司治理的直接干预也可以打击董事会以及管理者的机会主义财务行为。变量"是否交叉上市"用于控制公司是否发行B股或H股的影响，因为上市公司对B股或H股投资者的会计信息需要遵循国际会计准则或中国香港会计准则。不同会计准则的应用极有可能增加上市公司发生会计差错或会计政策变更的风险。表4-1详细列出了这些变量的具体符号和定义。

表4-1　　　　　　　　　　　　　主要变量定义表

变量名称	变量符号	变量定义
财务重述	Fr	虚拟变量，若当年的年度报告被以后会计年度重述并发布补充及更正公告，取值为1，否则为0
微信媒体报道数量	Ln_（wec_media+1）	微信媒体对上市公司报道数量加1的自然对数
报纸媒体报道数量	Ln_（pap_media+1）	报纸媒体对上市公司报道数量加1的自然对数
政策导向报纸媒体报道数量	Ln_（gov_media+1）	政策导向报纸对上市公司报道数量加1的自然对数
市场导向报纸媒体报道数量	Ln_（mar_media+1）	市场导向报纸对上市公司报道数量加1的自然对数
资产负债率	Lev	公司年末负债总额与资产总额的比率
总资产净利率	Roa	净利润与资产平均余额的比率

变量名称	变量符号	变量定义
公司规模	Ln_size	公司年末资产总额的自然对数
公司成长性	Growth	当年营业收入与上年营业收入比率减1
所有权性质	Nature	国有企业为1，否则为0
独立董事比率	Inboa	独立董事与公司董事会总人数比率
是否被四大审计	Big4	当年公司由四大审计为1，否则为0
股权集中度	Top5	公司前5大股东持股比例之和
非流通股比率	Nontra	公司非流通股股数与总股数比率
是否交叉上市	ABH	当公司发行B股或H股时，取值为1，否则为0
行业变量	Ind	行业哑变量

（3）模型设计

为了检验假设1、假设2和假设3，本书首先构建模型4-1进行Logistic回归：

$$\text{prob}(Fr = 1) = \alpha_0 + \alpha_1 \text{Ln\_}(\text{media} + 1) + \sum \alpha_i \text{Control}_i + \varepsilon \qquad \text{模型4-1}$$

主要观测系数 α_1，并通过比较不同类型媒体回归系数 α_1 来判断本书的研究假设是否成立。

4.1.3　实证结果与分析

（1）描述性统计

由表4-2可知，微信媒体报道样本公司的平均次数为8.180次，报纸媒体报道样本公司的平均次数为3.410次，微信媒体报道的平均次数已经达到报纸媒体报道数量的2倍多，表明上市公司受到微信媒体的关注比报纸媒体更多；市场导向报纸媒体报道的平均次数为1.610次，政策导向报纸媒体报道的平均次数为3.240次，说明政策导向报纸媒体仍是报纸媒体中报道中国上市公司信息的主力军。同样，微信媒体报道样本公司的平均次数是市场导向报纸媒体的5倍之多，说明市场导向报纸媒体难以摆脱报纸媒体与技术革命并行天然生成的局限性，影响力已远不及微信媒体。

表4-2   主要变量描述性统计

变量	样本量	平均值	中位数	标准差	最小值	最大值
Fr	1 543	0.130	0.000	0.330	0.000	1.000
Ln_ (wec_media+1)	1 543	8.180	8.240	1.180	0.690	10.570
Ln_ (pap_media+1)	1 543	3.410	3.370	0.720	1.100	6.650
Ln_ (gov_media+1)	1 543	3.240	3.220	0.720	0.690	6.520
Ln_ (mar_media+1)	1 543	1.610	1.610	0.910	0.000	5.340
Lev	1 543	0.460	0.460	0.210	0.020	1.000
Roa	1 543	0.040	0.030	0.060	−0.380	0.670
Ln_size	1 543	22.460	22.290	1.310	17.390	28.500
Growth	1 543	0.470	0.030	6.900	−0.920	251.200
Nature	1 543	0.440	0.000	0.500	0.000	1.000
Inboa	1 543	0.380	0.360	0.060	0.250	0.800
Big4	1 543	0.070	0.000	0.250	0.000	1.000
Top5	1 543	0.520	0.520	0.160	0.150	0.990
Nontra	1 543	0.160	0.070	0.210	0.000	0.950
ABH	1 543	0.050	0.000	0.220	0.000	1.000

（2）实证结果分析

①假设1与假设2的回归结果分析

不同类型媒体报道与上市公司财务重述的回归结果见表4-3。为了检验假设1和假设2，在表4-3的基础上，首先合并构建等价方程组，据此回归分析得到相同系数的估计值；其次针对媒体报道和上市公司财务重述变量对应的回归系数估计值进行卡方检验，整理得到的结果见表4-4。

表4-3   媒体报道与上市公司财务重述的回归结果

变量	微信媒体	报纸媒体	市场导向报纸媒体	政策导向报纸媒体
Ln_（media+1）	−0.13**	−0.25*	0.00	−0.31**
	(−2.00)	(−1.91)	(0.00)	(−2.32)
Lev	2.49***	2.53***	2.51***	2.52***
	(5.18)	(5.24)	(5.23)	(5.22)
Roa	−1.53	−1.24	−1.41	−1.23
	(−1.17)	(−0.94)	(−1.08)	(−0.93)
Ln_size	−0.40***	−0.37***	−0.41***	−0.36***
	(−4.95)	(−4.23)	(−4.97)	(−4.13)
Growth	−0.07	−0.01	−0.01	−0.01
	(−0.39)	(−0.33)	(−0.32)	(−0.34)
Nature	−0.16	−0.12	−0.10	−0.13
	(−0.87)	(−0.68)	(−0.52)	(−0.70)
Inboa	1.49	1.72	1.50	1.73
	(1.10)	(1.27)	(1.11)	(1.27)
Big4	0.16	0.24	0.19	0.24
	(0.38)	(0.56)	(0.44)	(0.55)
Top5	−0.41	−0.52	−0.53	−0.54
	(−0.70)	(−0.90)	(−0.91)	(−0.92)
Nontra	1.17***	1.10***	1.12***	1.12***
	(2.77)	(2.62)	(2.65)	(2.66)
ABH	0.18	0.24	0.19	0.25
	(0.38)	(0.50)	(0.39)	(0.51)
Constant	7.01***	5.88***	6.15***	5.80***
	(3.64)	(3.09)	(3.25)	(3.03)
Ind	控制	控制	控制	控制
N	1 531	1 531	1 531	1 531
R^2值	0.06	0.06	0.06	0.06
Chi^2	70.30	70.06	66.37	71.82

注：（1）表格内括号里的数字表示Z统计量；（2）***、**、*分别代表1%、5%和10%的显著性水平。

表4-4   不同类型媒体报道对上市公司财务重述抑制作用的差异检验结果

变量	Fr
Ln_（wec_media+1）－Ln_（pap_media+1）	4.01** (0.05)
Ln_（wec_media+1）－Ln_（mar_media+1）	4.01** (0.05)
Ln_（gov_media+1）－Ln_（mar_media+1）	5.38** (0.02)

注：表格内的数字上面表示卡方检验的卡方值，括号内的数字表示卡方检验的P值。

从表4-3列示的回归结果可知，微信媒体报道与上市公司财务重述在5%的水平下呈现显著的负相关关系，表明微信媒体报道能够抑制上市公司的财务重述。从表4-4所列示的回归系数差异卡方检验结果可知，在5%水平下微信媒体报道对上市公司财务重述的抑制作用显著大于报纸媒体报道对上市公司财务重述的抑制作用，这表明微信普及度更高，信息传播速度更快，除了证监会发布的官方信息，还涵盖了大量由财经类微信平台、自媒体人发布的非官方信息以及其他社会公论，社会影响力较高，给上市公司造成了较大的舆论压力，因此微信媒体报道对上市公司的外部治理作用已经超越了传统的报纸媒体报道，发挥着更为重要的作用，即假设1得证。

报纸媒体报道与上市公司财务重述在10%水平下呈现显著的负相关关系，其中政策导向报纸媒体报道与上市公司财务重述在5%水平下呈现显著的负相关关系，但市场导向性报纸媒体并没有很显著地抑制上市公司的财务重述。Dyck（2008）和Zingales（2002）研究发现，媒体无法通过影响经理人声誉实现外部治理作用很大的可能是由于我国缺乏市场竞争机制。李焰和王琳（2013）研究发现报纸媒体报道又无法像微信媒体那样通过扩大舆论而影响声誉共同体的利益迫使直接责任公司纠错。市场导向报纸媒体报道的回归系数不显著，因此同样以市场为导向的微信媒报道对上市公司财务重述的抑制作用要强于市场导向报纸媒体，政策导向报纸媒体报道对上市公司财务重述的抑制作用也要强于市场导向报纸媒体报道，假设2成立。

同时，表4-4的回归系数差异卡方检验结果也表明在5%水平下微信媒体报道对上市公司财务重述的抑制作用显著大于市场导向报纸媒体报道，在5%水平下政策导向报纸媒体报道对上市公司财务重述的抑制作用显著大于市场导向报纸媒体对上市公司财务重述的抑制作用，回归结果再次支持了假设2。

②假设3的回归结果分析

将上市公司按照产权性质划分为国有上市公司和非国有上市公司，进一步分析不同类型媒体报道对这两类上市公司财务重述的抑制作用是否存在差异。结果见表4-5，政策导向报纸媒体报道与国有上市公司财务重述在5%水平下呈现显著的负相关关系，表明政策导向报纸媒体报道可以有效抑制财务重述的发生。微信媒体报道、市场导向报纸媒体报道未能显著抑制国有上市公司的财务重述，这是因为我国地方政府出于政绩诉求和经济诉求，对本地国有上市公司实施司法地方保护，极大限制了微信媒体报道及以市场为导向的报纸媒体报道对公司违规行为的监督效果，而政策导向报纸媒体因其浓厚的政治色彩能够引起国有上市公司的重视。

表4-5　　　　　媒体报道对不同产权性质上市公司财务重述的抑制作用

变量	非国有上市公司			国有上市公司		
	微信媒体	市场导向报纸媒体	政策导向报纸媒体	微信媒体	市场导向报纸媒体	政策导向报纸媒体
Ln_（media+1）	-0.14^{*}	-0.05	-0.24	-0.08	0.09	-0.44^{**}
	(-1.68)	(-0.38)	(-1.40)	(-0.70)	(0.54)	(-2.00)
Lev	2.75^{***}	2.76^{***}	2.78^{***}	1.92^{*}	1.95^{**}	1.87^{**}
	(4.53)	(4.54)	(4.56)	(2.27)	(2.32)	(2.21)
Roa	-1.30	-1.20	-1.06	-3.17	-3.02	-2.84
	(-0.87)	(-0.80)	(-0.70)	(-1.11)	(-1.07)	(-0.98)
Ln_size	-0.41^{***}	-0.42^{***}	-0.39^{***}	-0.39^{***}	-0.42^{***}	-0.28^{*}
	(-3.72)	(-3.80)	(-3.47)	(-2.95)	(-3.01)	(-1.94)
Growth	-0.01	0.00	0.00	-0.18	-0.17	-0.16
	(-0.32)	(-0.23)	(-0.25)	(-0.60)	(-0.59)	(-0.62)
Inboa	1.97	1.98	2.11	-0.07	-0.10	0.05
	(1.16)	(1.17)	(1.24)	(-0.03)	(-0.04)	(0.02)
Big4	-0.30	-0.27	-0.28	0.59	0.58	0.68
	(-0.39)	(-0.35)	(-0.36)	(1.06)	(1.04)	(1.22)

变量	非国有上市公司			国有上市公司		
	微信媒体	市场导向报纸媒体	政策导向报纸媒体	微信媒体	市场导向报纸媒体	政策导向报纸媒体
Top5	0.28	0.22	0.19	−1.41	−1.55	−1.48
	(0.37)	(0.29)	(0.26)	(−1.44)	(−1.60)	(−1.52)
Nontra	0.89*	0.81	0.84	1.75**	1.78**	1.67**
	(1.70)	(1.54)	(1.62)	(2.27)	(2.30)	(2.16)
ABH	−0.29	−0.32	−0.26	0.22	0.21	0.27
	(−0.26)	(−0.29)	(−0.24)	(0.38)	(0.36)	(0.47)
Constant	7.41***	6.68**	6.67**	6.40**	6.19**	4.94*
	(2.77)	(2.51)	(2.49)	(2.14)	(2.11)	(1.66)
Ind	控制	控制	控制	控制	控制	控制
N	850	850	850	669	669	669
R^2值	0.06	0.06	0.06	0.08	0.08	0.08
Chi^2	44.45	41.86	43.70	35.50	35.31	39.09

微信媒体报道与非国有上市公司财务重述在10%水平下呈现显著的负相关关系，表明重视市场表现的非国有上市公司会更主动地进行风险管控，以避免强大的社会舆论对其公司形象造成负面影响。政策导向报纸媒体报道与非国有上市公司财务重述之间的系数不显著，但是符号为负号，表明在我国这样的转型经济国家中，非国有上市公司不可避免地需要考虑政策导向报纸媒体报道给公司造成的政治风险。

（3）稳健性检验

为了保证研究结论的可靠性，本书还进行了如下稳健性检验：以总资产增长率（Growth2）替代营业收入增长率作为公司成长性的衡量指标，以营业收入总额的自然对数（Ln_size2）替代资产总额作为公司规模的衡量指标，以公司前3大股东持股比例之和（Top3）替代公司前5大股东持股比例之和作为股权集中度的衡量指标，回归结果基本一致。

假设1和假设2的稳健性检验结果见表4-6和表4-7。表4-6的回归结果表明，微信媒体报道与上市公司财务重述在5%水平下呈现显著的负相关关系；表4-7的回归结果表明，在5%水平下微信媒体报道对上市公司财务重述的抑制作用显著大于报纸媒体报道对上市公司财务重述的抑制作用，表明假设1的研究结论具有稳健性。在5%水平下以市场为导向的微信媒体报道对上市公司财务重述的抑制作用显著大于市场导向报纸媒体报道对上市公司财务重述的抑制作用，在1%的水平下政策导向报纸媒体对上市公司财务重述的抑制作用显著大于市场导向报纸媒体对上市公司财务重述的抑制作用，表明假设2的研究结论具有稳健性。

表4-6　　　　　　　　　　　假设1和假设2的稳健性检验结果（1）

变量	微信媒体	报纸媒体	市场导向报纸媒体	政策导向报纸媒体
Ln_（media+1）	−0.14**	−0.29**	−0.02	−0.34***
	（−2.10）	（−2.18）	（−0.23）	（−2.60）
Lev	2.45***	2.49***	2.47***	2.49***
	（5.08）	（5.16）	（5.13）	（5.16）
Roa	−0.81	−0.54	−0.65	−0.53
	（−0.59）	（−0.39）	（−0.47）	（−0.38）
Ln_size2	−0.31***	−0.28***	−0.32***	−0.28***
	（−4.61）	（−3.94）	（−4.56）	（−3.88）
Growth2	−0.17	−0.15	−0.18	−0.14
	（−1.04）	（−0.93）	（−1.07）	（−0.89）
Nature	−0.18	−0.14	−0.11	−0.14
	（−0.95）	（−0.74）	（−0.60）	（−0.75）
Inboa	1.35	1.64	1.42	1.66
	（0.99）	（1.21）	（1.04）	（1.22）
Big4	0.07	0.17	0.11	0.17
	（0.17）	（0.40）	（0.25）	（0.39）
Top3	−0.27	−0.40	−0.39	−0.41
	（−0.47）	（−0.70）	（−0.69）	（−0.72）

续表

变量	微信媒体	报纸媒体	市场导向报纸媒体	政策导向报纸媒体
Nontra	1.08***	1.01**	1.04**	1.03**
	(2.63)	(2.46)	(2.50)	(2.50)
ABH	0.06	0.14	0.07	0.15
	(0.13)	(0.28)	(0.14)	(0.31)
Constant	4.60***	3.68**	3.55**	3.70**
	(2.89)	(2.39)	(2.33)	(2.39)
Ind	控制	控制	控制	控制
N	1 531	1 531	1 531	1 531
R^{2}值	0.06	0.06	t0.05	0.06
Chi^2	67.09	67.61	62.85	69.64

表4-7　　　　　　　　　　　假设1和假设2的稳健性检验结果（2）

变量	Fr
Ln_（wec_media+1）－Ln_（pap_media+1）	4.40**
	(0.04)
Ln_（wec_media+1）－Ln_（mar_media+1）	4.40**
	(0.04)
Ln_（gov_media+1）－Ln_（mar_media+1）	6.75***
	(0.01)

　　假设3的稳健性检验结果见表4-8。从表4-8可以看出，微信媒体报道与非国有上市公司财务重述在10%水平下呈现显著的负相关关系，政策导向报纸媒体报道与非国有上市公司财务重述在10%水平下也呈现显著的负相关关系，进一步验证在我国这样的转型经济国家中，除市场风险以外，非国有上市公司也需要应对政策导向报纸媒体报道给公司造成的政治风险。政策导向报纸媒体报道与国有上市公司财务重述在10%水平下呈现显著的负相关关系，表明假设3的研究结论具有稳健性。

表4-8   假设3的稳健性检验

变量	非国有上市公司			国有上市公司		
	微信媒体	市场导向报纸媒体	政策导向报纸媒体	微信媒体	市场导向报纸媒体	政策导向报纸媒体
Ln_（media+1）	-0.15* (-1.79)	-0.07 (-0.56)	-0.28* (-1.65)	-0.08 (-0.69)	0.11 (0.68)	-0.40* (-1.85)
Lev	2.53*** (4.13)	2.54*** (4.13)	2.56*** (4.16)	1.97** (2.39)	2.01** (2.45)	2.00** (2.43)
Roa	-0.82 (-0.51)	-0.67 (-0.42)	-0.55 (-0.34)	-2.56 (-0.87)	-2.37 (-0.81)	-2.26 (-0.76)
Ln_size2	-0.23*** (-2.60)	-0.24*** (-2.60)	-0.22** (-2.34)	-0.41*** (-3.59)	-0.43*** (-3.65)	-0.34*** (-2.77)
Growth2	-0.21 (-1.15)	-0.23 (-1.21)	-0.20 (-1.09)	-0.28 (-0.43)	-0.31 (-0.47)	-0.25 (-0.38)
Inboa	1.92 (1.12)	1.99 (1.17)	2.12 (1.24)	0.18 (0.08)	0.19 (0.08)	0.31 (0.13)
Big4	-0.49 (-0.63)	-0.44 (-0.57)	-0.45 (-0.58)	0.64 (1.15)	0.62 (1.11)	0.75 (1.35)
Top3	0.38 (0.52)	0.30 (0.41)	0.25 (0.34)	-1.21 (-1.25)	-1.37 (-1.43)	-1.27 (-1.31)
Nontra	0.84* (1.67)	0.77 (1.51)	0.80 (1.58)	1.47** (1.97)	1.51** (2.01)	1.40* (1.87)
ABH	-0.46 (-0.43)	-0.49 (-0.46)	-0.41 (-0.38)	0.22 (0.37)	0.19 (0.33)	0.28 (0.48)
Constant	3.35 (1.53)	2.37 (1.11)	2.66 (1.23)	5.81** (2.28)	5.49** (2.28)	5.12** (2.10)
Ind	控制	控制	控制	控制	控制	控制
N	850	850	850	669	669	669
R^2值	0.06	0.05	0.06	0.08	0.08	0.09
Chi^2	38.98	36.17	38.62	38.93	38.92	41.94

4.2 媒体关注对企业盈余管理行为的 影响分析

　　媒体关注作为一种非正式外部治理机制得到了国内外研究学者的普遍认可,成为学术界的研究重点,且引起了监管机构的重视。国外已有的研究成果大多认可了媒体的治理效用(Dyck 和 Zingales,2004;Miller,2006;Joe 等,2009),国内学者也认为媒体关注通过行政干预的介入发挥了公司治理的作用(李培功和沈艺峰,2010),已有研究大多支持媒体关注的有效监督假说。但国内也有极少数文献对于媒体的监督效应提出了质疑,于忠泊等(2011)研究发现媒体关注存在市场压力,会迫使企业管理层为了迎合市场预期而进行盈余管理行为。目前,媒体关注是发挥监督功能还是市场压力功能成为一个研究问题。本书基于此,在有限的研究资料基础上,进一步系统深入检验媒体关注与企业盈余管理之间的关系,以期得出媒体关注是否会带来市场压力,从而迫使企业管理层进行盈余管理活动的结论。

　　除了可以通过可操控应计项目外,企业还通过操控真实经营活动进行盈余管理,如操控销售活动、生产性成本或者酌量性费用等。已有研究认为企业更多是通过操控真实的经营活动进行盈余管理(程小可等,2013),为此本书还进一步检验媒体关注下企业是否为了满足市场的盈余预期而进行短视行为,即采用损害企业长期价值的真实经营活动进行盈余管理。如果企业存在短视行为,那么是否可以通过其他监督手段加以制衡?这是本书研究的另一目标。

　　内部控制被定位为能合理保证企业经营合法合规、效率效果,以及财务报告可靠性目标的制度,那么内部控制能否抑制媒体关注导致的盈余管理?另外,内部控制作为公司治理的内部机制,媒体作为外部机制,二者能否相互作用,更为有效发挥治理效用?通过研究公司治理的外部机制和内部机制之间的交互作用以期给现行研究文献和公司治理理论以新的贡献与启示,这是本书研究的又一目标。

　　本书以深圳证券交易所主板上市 A 股公司为样本,检验媒体关注与样本公司盈余管理之间的关系,以期检验媒体关注到底符合市场监督假说还是市场压力假说。研究结果表明媒体关注与应计项目盈余管理和真实活动盈余管理存在正向相关关系,尤其是市场导向的媒体关注以及正面媒体报道与盈余管理的正向关系更为显著，进一步支持了媒体关注的市场压力假说。本书的研究并不是试图否定媒体关注的监督功能及其作为公司治理机制的重要性；相反，我们认为应该拓展对媒体公司治理机制的认识，提高媒体关注的监督效应。

4.2.1　理论推导与假设提出

针对媒体关注的研究，主要集中在监督功能和治理功能上。媒体对公司行为不具有强制约束力，媒体对公司的治理作用还需辅以其他治理机制。传统观点认为媒体主要通过两种机制影响企业管理层的行为：一是通过行政干预（李培功和沈艺峰，2010）；二是通过声誉机制（Dyck 和 Zingales，2004）。传统观点体现了媒体关注的治理作用。本书在借鉴 Dyck 等（2008）的研究基础上，简单抽象出媒体关注治理作用的模型，如式（1）所示：

$$U(Private\ Benefit) < U(Reputational\ Cost) + U(Punishment) \tag{1}$$

其中，U（Reputational Cost）表示声誉损失造成的成本；U(Punishment)表示遭受行政处罚的成本；U(Private Benefit)表示企业管理层收益。

但也有研究发现式（1）在某些情况下并不成立。贺建刚等（2008）通过案例研究发现，媒体进行充分报道后，由于市场机制自发纠正机制和法律制度的强制纠正机制介入程度不足，导致媒体的治理效果并没有发挥。另外，Fang 和 Peress（2009）研究发现媒体关注还会通过资本市场机制影响企业的行为，即通过对上市公司的盈余信息披露或传播影响该企业在市场上的形象，从而影响股价（Tetlock，2007；Bushee 等，2010），进而影响企业管理层基于股票价格的薪酬，及其被解雇的可能性（Weisbach，1988）。企业管理层会基于薪酬契约、资本市场动机和监管动因而进行盈余管理（李辽宁，2012），而资本市场动机是盈余管理行为的主因（Healy 和 Wahlen，1999；Fields 等，2001）。本书在式（1）的基础上扩展出盈余管理收益与成本的关系模型，从而推断出企业进行盈余管理行为的具体条件。基于盈余管理的三大动机，可以推断盈余管理的收益包括基于股票价格的收益、基于会计盈余的报酬和满足市场期望带来的声誉。盈余管理收益抽象函数关系如式（2）所示：

U（Benefit from EM）=U（Price Based Benefit）+U（Earnings Based Benefit）+

U（Reputation Benefit）   （2）

为方便阐述，把基于股票价格的收益抽象为股票价格异质波动函数，即 U（Price Based Benefit）=f（δS）。其中，δ 为股票价格波动性，S 为股票的期望价格；把基于会计盈余的收益抽象为固定值 C，即当会计盈余达到某一阈值时能获取的相应收益；由于目前我国市场尚未完善，声誉机制作用有限，甚至失效（张维迎，2000），为简化分析，令 U（Reputation Benefit）取值为 0；最后盈余管理收益抽象为式（3）所示：

U(Benefit from EM) = f(δS) + C   （3）

盈余管理行为带来的成本主要包括两项：盈余管理行为被发现时面临的监管部门的惩罚以及声誉损失，可以抽象为如式（4）所示：

U(Cost from EM) = U(Punishment) + U(Reputation Loss)   （4）

基于声誉机制影响作用有限，不考虑声誉收益，同理，也不考虑声誉损失。盈余管理遭受惩罚的损失由盈余管理行为被惩罚的概率（λ）和惩罚程度（P）决定，盈余管理成本抽象为式（5）所示：

U(Punishment) = λP   （5）

已有研究发现媒体关注能够影响式（3）和式（5）中的 4 个变量。对于股票价格的波动性（δ），Chan（2003）发现媒体对上市公司的报道能够引起股价的波动，但股价对媒体正面报道的反应不敏感；Vega（2006）和 Tetlock（2011）的研究发现进一步支持了 Chan 的研究结论，表明媒体关注增加了股票价格的波动性。对于股票期望价格（S），Fang 和 Peress（2009）的研究发现媒体关注能够影响上市公司的股票收益，从而影响期望的股票价格。对于盈余管理行为被发现概率（λ），Dyck 等（2008）以及李培功和沈艺峰（2010）均发现媒体关注能够增加公司违规行为被惩罚的可能。另外，媒体关注的情绪和数量也会影响违规事件被惩罚的程度（P）。

由前文分析可知，企业进行盈余管理的动因为资本市场动因，而我国资本市场尚不够完善，普通投资者的投资决策容易受到媒体引导，而我国的法律制度尚未建立健全且执行缺乏力度，影响企业违规行为被惩罚的可能，减少盈余管理成本，从而导致媒体有效监督下式（1）的不等式被打破，形成不等式（6）：

f(δS) + C > λP   （6）

由不等式（6）可知，管理层为了谋求个人私利，在企业业绩无法短期提升的情况下，更可能通过盈余管理满足资本市场的盈余预期，所以本书在已有研究基础上，再次提出媒体关注的市场压力假说：

假设1：媒体市场压力情况下，媒体关注越多，企业越可能进行盈余管理。

已有研究也发现，不同性质的媒体对于公司治理作用不同。李培功和沈艺峰（2010）认为市场导向媒体对于上市公司的报道更深入，也包含更多的新信息，所以相对于政策导向媒体，市场导向媒体更能提高企业改正违规行为的可能。但也有研究表明，相对于政策导向媒体而言，市场导向媒体的自由度更大，基于自身利益考虑更容易产生信息偏差，误导投资者，而企业为了迎合市场或者分析师的预期，不得不进行盈余管理行为。媒体没有强制约束力，需要其他机制辅以作用，但是已有研究发现声誉机制在我国目前环境下的作用非常有限，对于引入行政干预，政策导向媒体更有优势。鉴于上述分析，本书认为相对于政策导向媒体而言，市场导向媒体更可能形成式（6）所示的不等式，所以进一步提出假设2。

假设2：相对于政策导向媒体而言，市场导向媒体关注越多，企业越可能进行盈余管理活动。

除了媒体性质会影响媒体的治理作用外，有研究发现媒体的不同报道也会影响其对公司的治理作用。Joe（2010）发现对上市公司负面媒体报道越多，越可能被出具非标准审计意见，体现了负面媒体报道的监督作用。有研究表明正面媒体报道会影响上市公司在资本市场的形象，如股价情况，由上文对不等式（6）的推导可知，股价是影响企业管理层私利的重要因素，股价受到企业实际情况是否满足市场预期或分析师预期影响，正面媒体报道会带给管理层维持自身利益的强大压力，为此，管理层会通过盈余管理的方式满足市场的预期，鉴于此，提出假设3。

假设3：相对于媒体的负面报道而言，媒体正面报道越多，企业越可能进行盈余管理活动。

由不等式（6）的推导过程可知，由于企业短期内无法改变业绩，在外部治理机制未能有效发挥作用的情况下形成不等式（6）。如果现在有一种内部公司治理机制可以有助于合理保证企业经营的效率效果、合法合规性以及财务报告质量，那么不等式（6）还会成立吗？众所周知，内部控制作为正式的内部治理机制，其功能和目标被定位为合理保证企业经营的合法合规、财务报告的可靠性、经营效率效果等。已有较多研究发现，内部控制一定程度上能够遏制企业的盈余管理行为和违规行为（高蔷，2003；孙光国和莫冬燕，2012）。为此，本书认为内部控制能够一定程度缓解媒体关注带来的压力，且提出假设4。

假设4：公司的内部控制质量越好，越能够缓解媒体关注带来的压力，公司盈余管理的可能性越小。

4.2.2 研究设计

（1）实证模型

为了检验假设1、假设2和假设3，分别以应计项目操控程度和真实活动操控程度作为被解释变量，以DA表示；把媒体关注度作为解释变量，以Log（Media）表示；同时控制已有研究成果中验证了能够影响企业发生盈余管理行为的其他变量，包括公司规模（Size）、偿债能力（Lev）、成长性（Growth）、公司产权性质（D_state）、股权结构（Top1）以及审计师的服务质量水平（D_audit）。另外，为了控制行业因素对检验结果的影响，对行业效应进行控制。最后，检验结果如模型4-2所示：

$$DA_{i,t} = \beta_0 + \beta_1 Log(Media)_{i,t} + \beta_2 Size_{i,t} + \beta_3 Lev_{i,t} + \beta_4 Growth_{i,t} +$$
$$\beta_5 Top1_{i,t} + \beta_6 D\_state_{i,t} + \beta_7 D\_audit_{i,t} + \sum_{i=1}^{n} \beta_{8i} Ind_i + \varepsilon_t \qquad \text{模型4-2}$$

为了检验媒体关注与公司盈余管理行为的关系，主要观测 β_1 的符号和显著性。如果 $\beta_1 > 0$ 且显著，表明媒体关注会迫使企业进行盈余管理行为，假设1、假设2和假设3得证。否则，表明媒体关注能够监督企业盈余管理行为，起到了治理作用。

为了检验假设4，本书在实证检验模型4-2的基础上加入了内部控制质量变量，及其与媒体关注的交互项，如模型4-3所示：

$$DA_{i,t} = \beta_0 + \beta_1 Log(Media)_{i,t} + \beta_2 Aud_{i,t} + \beta_3 Log(Media)_{i,t} * Aud_{i,t} + \beta_4 Size_{i,t} + \beta_5 Lev_{i,t} +$$
$$\beta_6 Growth_{i,t} + \beta_7 Top1_{i,t} + \beta_8 D\_state_{i,t} + \beta_9 D\_audit_{i,t} + \sum_{i=1}^{n} \beta_{10i} Ind_i + \varepsilon_t \qquad \text{模型4-3}$$

为了考察内部控制的调节作用，主要观测媒体关注与内部控制质量交互项系数 β_3 的符号和显著性。如果 $\beta_3 < 0$，假设4得证，表明内部控制能够一定程度上抑制企业盈余管理行为。基于信号传递理论，自愿性的内部控制鉴证报告一定程度上能够代替企业

内部控制质量，为此本书以样本公司是否自愿性披露内部控制鉴证报告作为内部控制质量高低的替代指标，以 Aud 表示。当样本公司在样本区间内自愿性披露内部控制鉴证报告，令 Aud=1；否则 Aud=0。

（2）变量定义

①盈余管理的衡量。企业除了通过会计政策选择或者会计估计变更等方式进行盈余管理外，还通过对企业真实的经营活动进行盈余管理，如销售操控、生产操控或者费用操控等。为此，本书分别对应计项目和真实活动的盈余管理进行衡量。

一是关于衡量应计项目操控的盈余管理模型，Dechow 等（1995）、夏立军（2002）在比较各种应计基础的模型后，认为采用修正后的截面 Jones 模型估计的盈余管理水平效果最好。本书通过 OLS 估计出修正后的截面 Jones 模型中的位置参数，从而估计出被解释变量的拟合值，进而用被解释变量减去其拟合值，即为应计项目中可操控的项目。

二是关于真实活动盈余管理的衡量，借鉴 Roychowdhury（2006）的研究，本书从销售操控、生产操控以及酌量性费用操控三方面衡量上市公司可能进行的真实活动盈余管理，分别采用异常销售额、异常生产成本和异常酌量性费用替代。

②媒体关注的衡量。媒体关注程度主要通过媒体对上市公司相关信息的报道数目来衡量。$Media_{i,t}$ 代表媒体对 i 公司在 t 期的报道总数，$GovMedia_{i,t}$ 代表政策导向媒体对 i 公司在 t 期的报道总数，$Makmedia_{i,t}$ 代表市场导向媒体对 i 公司在 t 期的报道总数，$PosMedia_{i,t}$ 代表 i 公司在 t 期的正面媒体报道总数，$Negmedia_{i,t}$ 代表 i 公司在 t 期的负面媒体报道总数。借鉴 Chen 等（2009）和吴超鹏等（2012）的研究，本书采用 Ln_media 代表 i 公司在 t 期的媒体关注程度，令其等于 ln（1+$Media_{i,t}$）。为了进一步研究媒体性质是否会影响企业盈余管理行为，本书还分别采用 Ln_gov 和 Ln_mak 代表 i 公司在 t 期的政策导向媒体和市场导向媒体对其的关注程度，令 Ln_gov=ln（1+$GovMedia_{i,t}$），Ln_mak=ln（1+$MakMedia_{i,t}$）。由于不同报告会影响盈余管理行为，所以用 Ln_neg= ln（1+$NegMedia_{i,t}$）和 Ln_pos= ln（1+$PosMedia_{i,t}$）分别代替负面媒体报道和正面媒体报道的关注程度。

③控制变量。根据已有的经验研究可知，还有其他的变量影响企业的盈余管理行为，所以本书对这些主要影响变量进行控制。其中，公司规模（Size）用年末资产总额的对数表示，控制公司规模对其盈余管理可能的影响；Lev 为公司的财务杠杆，用年末

负债总额与年末资产总额的比值表示，一般而言，公司的财务杠杆越大，财务风险也越大，企业更可能进行盈余管理；Growth 为企业的销售收入增长率，代表企业的成长性，用当期销售收入和上一期销售收入的差额与上一期销售收入的比值表述；企业的产权性质（D_state）也会影响企业盈余管理的行为，用企业的实际控制人的性质来判断，如果实际控制人为国有企业，D_state 的取值为 1，否则为 0；Top1 表示企业的股权集中度，用企业第一大股东的持股比例表示；D_audit 代表企业的审计质量，如果企业的年度审计报告经四大会计师事务所出具则取值为 1，否则为 0，一般而言，四大会计师事务所提供的审计服务质量更高，相对而言更能遏制企业进行盈余管理的可能。最后，我们还在模型中加入了行业虚拟变量（Ind）来控制行业效应。以上变量指标的具体解释可以简化为表 4-9。

表4-9 变量定义与说明

变量类型	变量名称	变量符号	变量操作性定义与说明
被解释变量 DA	可操控应计利润	DAC	应计项目操控的盈余管理模型计算得出的应计项目操控程度
	异常经营现金净流量	EM_cfo	销售性操控模型计算得出的销售性盈余管理程度
	异常生产性成本	EM_prod	生产性成本操控模型计算得出的生产性成本盈余管理程度
	异常酌量性费用	EM_exp	酌量性费用操控模型计算得出的酌量性费用盈余管理程度
	真实盈余管理水平	EM_proxy	根据3种真实活动盈余管理模型计算出来总体真实盈余管理程度
解释变量 Log（Media）	媒体关注	Ln_media	媒体对上市公司的总体关注程度，为 ln（1+Media）
		Ln_gov	政策导向媒体对上市公司的关注程度，为 ln（1+GovMedia）
		Ln_mak	市场导向媒体对上市公司的关注程度，为 ln（1+MakMedia）
		Ln_pos	媒体正面报道的程度，为 ln（1+PosMedia）
		Ln_neg	媒体负面报道的程度，为 ln（1+NegMedia）

续表

变量类型	变量名称	变量符号	变量操作性定义与说明
控制变量	公司规模	Size	年末资产总额的对数
	财务杠杆	Lev	年末负债总额与年末资产总额的比值
	销售收入增长率	Growth	（当期销售收入-上一期销售收入）/上一期销售收入
	股权集中度	Top1	上市公司第一大股东的持股比例
	实际控制人性质	D_state	若实际控制人为国有企业，则取值为1；否则为0
	审计质量	D_audit	若年度审计报告为四大会计师事务所出具，取值为1；否则为0
	年度虚拟变量	Year	控制时间效应
	行业虚拟变量	Ind	控制行业效应

（3）样本选择与数据来源

① 样本选择。本书选择2010—2011年深市主板A股上市公司941家作为初始研究样本。样本区间截止到2011年的原因是2012年起我国强制主板上市公司披露经审计师鉴证的内部控制鉴证报告，为了检验内部控制自愿性披露对于媒体关注的调节作用，所以样本区间截止到2011年度。已有研究表明交叉上市会影响公司内部控制的有效性，所以剔除同时发行B股、H股或者在海外上市的公司102家后，再剔除金融、保险行业的上市公司后得到823个观测值，最后剔除ST公司以及财务数据缺失的公司，最终样本观测值为672家（2010年为343家，2011年为329家）。

② 数据来源。本书的研究数据由以下几部分组成：媒体报道数据、内部控制质量数据以及上市公司相关财务会计数据。其中，上市公司相关财务会计数据来自Wind资讯金融终端；内部控制数据通过手动采集上市公司年度报告中有关内部控制的信息取得；媒体报道数据在比较几个重要数据库后，以"中国重要报纸全文数据库"为主，主要理由如下：网络信息更多来自对报纸杂志信息的转载，公信力不及报纸，且从已有研究可知，报纸对上市公司的关注度与网络的关注度正相关。另外，报纸媒体之间也会相互转载信息，在参考已有的研究后，本书选择8份影响力大的全国性财经报纸作为数据来源，分别为《中国证券报》《证券日报》《证券时报》《上海证券报》《中国经营报》

《经济观察报》《21世纪经济报道》《第一财经日报》。此外，为了进一步研究不同性质的报纸报道的影响力是否存在差异，将上述8份报纸区分为政策导向报纸和市场导向报纸，其中，前4份为政策导向报纸，后4份为市场导向报纸。

为了剔除极端值对检验结果的影响，本书还对连续变量在1%和99%的水平下进行Winsorize处理，同时运用Stata12.0计量软件对样本数据进行处理和模型估计。

4.2.3 实证结果与分析

（1）变量的描述性统计

由表4-10列示的本书主要研究变量的描述性统计结果可知，样本公司被媒体报道的平均次数为4.94次。其中，被负面报道的评价次数为1.14次，正面报道的平均次数为3.8次，表明媒体对于我国上市公司的正面报道要多于负面报道；政策导向媒体报道的平均次数为4.21次，市场导向媒体报道的平均次数为0.73次，表明对于我国上市公司信息报道更多的是政策导向媒体。样本公司应计项目操控程度的平均值为0.02，而总体真实盈余管理平均水平为-0.81，其中销售性盈余管理平均水平为0.59，生产性成本盈余管理平均水平为0.02，酌量性费用盈余管理的平均水平为0.24。从盈余管理的绝对值来看，真实盈余管理程度要大于应计项目盈余管理，表明我国上市公司目前更偏好通过真实活动而非应计项目实现盈余管理，这一发现与程小可、郑立东和姚立杰（2013）的研究结论一致。

表4-10 变量的描述性统计结果

变量名称	观测值	最小值	平均值	标准差	25%分位数	中位数	75%分位数	最大值
Panel A：被解释变量								
DAC	672	-0.780	0.020	0.200	-0.050	0.000	0.070	2.770
EM_cfo	672	-2.580	0.590	1.270	-0.150	0.340	0.890	9.070
EM_prod	672	-1.210	0.020	0.800	-0.100	-0.010	0.060	18.340
EM_exp	672	-8.600	0.240	2.210	-0.100	0.330	0.630	49.730
EM_proxy	672	-59.150	-0.810	3.130	-1.480	-0.570	0.190	23.890

续表

变量名称	观测值	最小值	平均值	标准差	25%分位数	中位数	75%分位数	最大值
			Panel B：解释变量					
Makmedia	672	0.000	0.730	1.680	0.000	0.000	1.000	19.000
Ln_media	672	0.000	1.350	0.940	0.690	1.390	2.080	4.030
Ln_gov	672	0.000	1.250	0.900	0.690	1.390	1.950	3.930
Ln_mak	672	0.000	0.340	0.550	0.000	0.000	0.690	3.000
Ln_neg	278	0.000	0.700	0.750	0.000	0.690	1.100	3.040
Ln_pos	490	0.000	1.230	0.900	0.690	1.100	1.790	4.010
			Panel C：控制变量					
Top1	672	3.890	34.480	15.630	22.580	30.630	45.370	84.920
D_state	672	0.000	0.560	0.500	0.000	1.000	1.000	1.000
Size	672	18.37	21.93	1.220	21.070	21.90	22.700	25.670
Growth	672	−0.980	1.310	18.64	0.060	0.180	0.370	461.000
Lev	672	0.010	0.530	0.220	0.390	0.540	0.670	2.610
D_audit	672	0.000	0.030	0.180	0.000	0.000	0.000	1.000

另外，从表4-10可知，研究变量的平均值与中位数大小较为接近，表明研究变量服从正态分布。

（2）媒体关注与盈余管理的回归结果分析

①假设1的检验结果分析。以实证检验模型4-2为基础，表4-11列示了采用混合回归方法对媒体总体关注度的代理变量及相关控制变量对样本公司应计项目盈余管理和真实活动盈余管理的回归结果。由表4-11列示的回归检验结果可知，媒体关注程度的代理变量与生产性成本盈余管理在10%的水平下呈现显著的正相关关系，虽然与其他类型的盈余管理的显著性不明显，但是相关系数符号为正，回归结果一定程度上支持了假

设1，即媒体对上市关注越多，给企业带来的市场压力越大，企业管理层越有可能进行盈余管理活动，尤其是通过操控生产性成本的方式满足盈余预期。

表4-11　　　　　　　　　　媒体关注与盈余管理的回归检验结果

指标	应计项目盈余管理	真实活动盈余管理			
	DAC	EM_cfo	EM_prod	EM_exp	EM_proxy
Log（media）	0.005 (1.539)	0.008 (0.199)	0.010* (1.885)	0.043 (1.367)	0.051 (0.885)
SIZE	−0.011*** (−3.820)	−0.015 (−0.476)	−0.021*** (−4.563)	−0.015 (−0.476)	−0.045 (−0.990)
LEV	0.055*** (3.817)	0.317** (2.068)	0.032 (1.441)	0.317** (2.068)	0.234 (0.998)
Growth	0.030*** (5.689)	0.095* (1.651)	0.073*** (8.817)	0.095* (1.651)	0.401*** (4.570)
TOP1	0.001*** (3.741)	0.004* (1.757)	0.002*** (4.791)	0.004* (1.757)	0.004 (1.196)
D_state	−0.018*** (−2.941)	−0.025 (−0.385)	−0.026*** (−2.792)	−0.025 (−0.385)	−0.029 (−0.289)
D_audit	−0.027 (−1.623)	−0.019 (−0.105)	−0.032 (−1.239)	−0.019 (−0.105)	−0.147 (−0.543)
Constant	0.233*** (3.782)	0.302 (0.455)	0.442*** (4.609)	0.302 (0.455)	1.317 (1.298)
观测值	672	672	672	672	672
AdjR^2	0.193	0.152	0.223	0.152	0.138
F值	9.431	7.326	11.15	7.326	6.668

注：***、**和*分别表示在1%，5%和10%水平下显著；为了简便，未报告行业虚拟变量的回归结果。

②假设2的检验结果分析。为了进一步检验媒体性质不同对企业盈余管理行为的影响，表4-12列示了不同性质媒体关注与企业应计项目盈余管理和真实活动盈余管理之间的回归结果。由表4-12可知，生产性成本盈余管理和酌量性费用盈余管理与市场导向媒体关注在1%的水平下呈现显著的正相关关系；总体真实活动的盈余管理与市场导

向媒体在10%的水平下呈现显著的正相关关系，虽然销售性盈余管理与市场导向媒体关注之间的系数不显著，但是该系数的符号为正，一定程度上也能表明市场导向媒体会迫使企业管理层进行销售性盈余管理行为存在可能性。应计项目的盈余管理与市场导向媒体之间的系数在5%的水平下呈现显著的正相关关系。政策导向媒体关注与企业可操控性应计项目和真实活动盈余管理的正相关关系均不显著。通过比较分析市场导向媒体和政策导向媒体分别与企业盈余管理行为之间的关系可知，市场导向媒体关注更容易给企业管理层带来市场压力，从而迫使其进行盈余管理活动，包括应计项目盈余管理和真实活动盈余管理，假设2得证。

③假设3的检验结果分析。除了上述不同性质媒体关注给企业带来的压力不同外，媒体的不同报道也会带来不同的压力，为此检验媒体正面报道和负面报道对企业盈余管理行为的影响。由表4-13可以得知，正面媒体报道与应计项目的盈余管理之间在1%的水平下呈现显著的正相关关系。真实活动盈余管理中的生产性成本操控与正面媒体报道在1%的水平上呈现显著的正向相关关系，总体真实盈余管理和酌量性费用盈余管理与正面媒体报道均在5%的水平下呈现显著的正相关关系。负面媒体报道与应计项目盈余管理和真实活动盈余管理之间的相关关系不显著，且与生产性成本盈余管理之间的相关系数为负。回归结果表明媒体的正面报道与企业的可操控性应计项目的盈余管理和生产性成本、酌量性费用等真实活动的盈余管理均呈现显著的正向关系，支持了假设3，即企业的确会因为媒体关注而存在市场压力，尤其是正面媒体报道给企业带来的压力更大。

比较分析正面媒体报道和负面媒体报道分别与企业盈余管理行为之间的相关关系可知，相对于负面的媒体报道，媒体的正面报道会给上市公司带来更大的市场预期压力，从而迫使企业管理层在短期内不得不通过各种盈余管理模式操纵业绩，满足市场或分析师的预期，这一检验结果也较符合实际情况。一般而言，如果市场对企业业绩预期不乐观，那么即使未来企业的实际业绩真的不尽如人意，市场也不会做出太大反应，但是如果市场对企业预期较为乐观，一旦企业的实际业绩没有达到市场预期，市场将会对企业做出极强的负面反应，如导致企业的股价大幅度下跌，这是企业管理层所不愿意看到的，因为股价的大幅度下跌会影响到其个人私利，甚至有被解雇的可能，然而企业经营业绩在短期内是无法改变的，所以企业只能选择通过盈余管理的方式操纵企业的会计业绩。

表4-12 不同性质媒体关注与盈余管理的回归结果

指标	政策导向媒体关注					市场导向媒体关注				
	DAC	EM_cfo	EM_prod	EM_exp	EM_proxy	DAC	EM_cfo	EM_prod	EM_exp	EM_proxy
Log(media)	0.005 (1.400)	0.001 (0.009)	0.009 (1.506)	0.036 (1.101)	0.046 (0.761)	0.012** (2.043)	0.065 (1.062)	0.032*** (3.689)	0.162*** (3.205)	0.167* (1.786)
Size	-0.011*** (-3.763)	-0.012 (-0.389)	-0.020*** (-4.401)	-0.107*** (-4.040)	-0.045 (-0.929)	-0.0114*** (-3.988)	-0.024 (-0.767)	-0.023*** (-5.189)	-0.123*** (-4.819)	-0.058 (-1.236)
Lev	0.054*** (3.780)	0.314** (2.048)	0.030 (1.369)	0.434*** (3.398)	0.227 (0.970)	0.056*** (3.901)	0.335** (2.180)	0.038 (1.706)	0.473*** (3.715)	0.264 (1.126)
Growth	0.031*** (5.701)	0.094 (1.643)	0.073*** (8.814)	0.291*** (6.073)	0.402*** (4.574)	0.030*** (5.570)	0.092 (1.608)	0.072*** (8.686)	0.283*** (5.948)	0.393*** (4.483)
Top1	0.001*** (3.728)	0.004* (1.745)	0.002*** (4.759)	0.001 (0.488)	0.004 (1.186)	0.001*** (3.769)	0.004* (1.806)	0.002*** (4.921)	0.001 (0.607)	0.004 (1.245)
D_state	-0.018*** (-2.960)	-0.024 (-0.378)	-0.026*** (-2.803)	-0.082 (-1.522)	-0.030 (-0.299)	-0.017*** (-2.745)	-0.020 (-0.302)	-0.023** (-2.483)	-0.067 (-1.245)	-0.013 (-0.133)
D_audit	-0.026 (-1.598)	-0.018 (-0.100)	-0.031 (-1.205)	-0.018 (-0.123)	-0.143 (-0.528)	-0.028* (-1.697)	-0.028 (-0.160)	-0.036 (-1.405)	-0.043 (-0.293)	-0.168 (-0.621)
Constant	0.229*** (3.732)	0.255 (0.386)	0.428*** (4.476)	2.410*** (4.381)	1.264 (1.251)	0.236*** (3.904)	0.450 (0.693)	0.477*** (5.115)	2.695*** (5.012)	1.508 (1.520)
观测值	672	672	672	672	672	672	672	672	672	672
AdjR²	0.192	0.152	0.222	0.098	0.138	0.195	0.153	0.235	0.110	0.142
F值	9.404	7.323	11.06	4.826	6.655	9.552	7.395	11.84	5.368	6.819

表4-13　媒体不同报道与盈余管理的回归结果

指标	正面媒体报道					负面媒体报道				
	DAC	EM_cfo	EM_prod	EM_exp	EM_proxy	DAC	EM_cfo	EM_prod	EM_exp	EM_proxy
Log（media）	0.014***	0.061	0.028***	0.084**	0.169**	0.008	0.103	−0.001	0.064	0.201
	(3.469)	(1.052)	(4.214)	(2.268)	(2.053)	(1.264)	(1.244)	(−0.129)	(1.017)	(1.634)
Size	−0.008**	0.013	−0.017***	−0.033	0.036	−0.003	0.041	−0.014**	−0.098**	0.053
	(−2.245)	(0.256)	(−3.122)	(−1.049)	(0.522)	(−0.812)	(0.709)	(−2.020)	(−2.235)	(0.618)
Lev	0.028	0.247	0.012	0.418**	0.263	−0.002	−0.160	−0.003	0.393	−0.145
	(1.469)	(0.937)	(0.415)	(2.472)	(0.704)	(−0.089)	(−0.467)	(−0.064)	(1.510)	(−0.286)
Growth	0.001*	0.050***	0.008***	0.345***	0.402***	0.001*	0.050***	0.008***	0.346***	0.403***
	(1.959)	(6.874)	(9.675)	(74.168)	(39.060)	(1.834)	(6.938)	(9.708)	(63.394)	(37.820)
Top1	0.001	0.001	0.001***	−0.001	0.001	0.001*	0.001	0.001***	0.001	0.001
	(1.432)	(0.062)	(3.861)	(−0.590)	(0.041)	(1.694)	(0.081)	(2.618)	(0.140)	(0.082)
D_state	−0.012*	−0.059	−0.017	0.017	−0.049	−0.012	0.026	−0.022	0.026	0.104
	(−1.795)	(−0.617)	(−1.567)	(0.274)	(−0.358)	(−1.277)	(0.207)	(−1.512)	(0.277)	(0.561)
D_audit	−0.024	−0.070	−0.019	−0.090	−0.230	−0.033	−0.188	−0.013	0.024	−0.248
	(−1.329)	(−0.280)	(−0.668)	(−0.556)	(−0.644)	(−1.633)	(−0.680)	(−0.414)	(0.112)	(−0.603)
Constant	0.175**	−0.110	0.360***	0.645	−0.568	0.097	−0.613	0.318**	2.231**	−0.642
	(2.398)	(−0.109)	(3.122)	(0.990)	(−0.394)	(1.104)	(−0.517)	(2.304)	(2.467)	(−0.363)
观测值	490	490	490	490	490	278	278	278	278	278
AdjR²	0.133	0.176	0.266	0.220	0.269	0.115	0.196	0.322	0.237	0.245
F值	5.16	6.795	10.83	31.8	11.64	4.18	4.750	8.315	23.6	8.94

④媒体关注与盈余管理回归结果小结。表4-11、表4-12和表4-13分别列示了整体媒体关注、不同性质媒体关注以及不同媒体报道与企业应计项目盈余管理和真实活动盈余管理之间的回归结果，检验结果分别支持了假设1、假设2和假设3。这就表明媒体关注的确会给企业带来市场压力，迫使企业管理层进行应计项目盈余管理和真实活动盈余管理；相对于政策导向媒体而言，市场导向媒体关注给企业带来的市场压力更大，更可能导致管理层进行盈余管理活动；相对于负面媒体报道而言，正面媒体报道给企业带来的市场压力更大，更可能导致企业管理层进行盈余管理活动，包括应计项目盈余管理和真实活动的盈余管理。

（3）内部控制对媒体关注的调节作用

表4-14列示了内部控制与不同性质媒体之间交互项的回归结果。通过检验交互项系数的符号和显著性可知，内部控制与市场导向媒体之间的交互项与酌量性费用盈余管理的相关系数在10%的水平下呈现显著的负向相关关系，与应计项目盈余管理的相关系数以及与销售性活动盈余管理的相关系数虽然不显著，但是系数为负；内部控制与政策导向媒体之间的交互项与酌量性费用盈余管理的相关系数在5%的水平下呈现显著的负向相关关系，与生产性成本盈余管理的相关系数虽然不显著，但是呈现负向相关关系。由表4-14的回归结果可知内部控制能够减轻媒体关注市场压力下企业管理层的酌量性费用盈余管理活动。回归结果一定程度上支持了假设4。

表4-15列示了内部控制与媒体不同报道之间的交互项回归结果。通过观测交互项系数的符号和显著性可以得知，内部控制与正面媒体报道之间的交互项与应计项目盈余管理的相关系数在10%的水平下呈现显著的负向相关关系，与销售活动盈余管理以及生产性成本盈余管理之间的相关系数虽然不显著，但均呈现负向关系；内部控制与负面媒体报道之间的交互项与应计项目盈余管理的相关系数在5%的水平下呈现显著的负向相关关系，与销售性盈余管理、生产性成本盈余管理及酌量性费用盈余管理之间的相关系数不显著，但是均呈现负向关系。回归结果表明内部控制能够减轻媒体关注市场压力下管理层的应计项目盈余管理行为。回归结果再次支持了假设4。

表4-15、表4-16列示的回归结果均在一定程度上支持了假设4，即内部控制质量比较高的公司能够减轻媒体关注市场压力下企业管理层的应计项目盈余管理和酌量性费用盈余管理活动。

表4-14　内部控制对不同性质媒体关注调节作用的回归结果

指标	对市场导向媒体的调节作用					对政策导向媒体的调节作用				
	DAC	EM_cfo	EM_prod	EM_exp	EM_proxy	DAC	EM_cfo	EM_prod	EM_exp	EM_proxy
Log（media）	-0.003	0.026	-0.029	0.053	0.084	0.007	0.109	0.002	0.210	0.273
	(-0.448)	(0.468)	(-1.543)	(0.498)	(0.651)	(0.636)	(1.234)	(0.055)	(1.268)	(1.354)
Aud	-0.023	0.037	-0.060	-0.152	-0.149	-0.013	0.007	-0.052	-0.139	0.132
	(-0.942)	(0.1983)	(-0.984)	(-0.437)	(-0.351)	(-0.852)	(0.056)	(-1.325)	(-0.632)	(0.492)
M*aud	-0.008	-0.009	0.002	-0.357*	0.329	0.003	0.064	-0.025	-0.643**	0.577
	(0.532)	(-0.077)	(0.042)	(-1.741)	(1.319)	(0.153)	(0.382)	(-0.445)	(-2.053)	(1.511)
Size	-0.018***	0.001	-0.007	-0.186**	-0.054	-0.020***	-0.013	-0.016	-0.207***	-0.074
	(-3.282)	(0.022)	(-0.473)	(-2.338)	(-0.557)	(-3.770)	(-0.307)	(-1.153)	(-2.693)	(-0.794)
Lev	0.082***	0.279	-0.003	0.617	0.350	0.086***	0.301	0.010	0.665*	0.408
	(3.093)	(1.373)	(-0.050)	(1.623)	(0.757)	(3.235)	(1.479)	(0.141)	(1.748)	(0.880)
Growth	0.005***	0.009***	0.037***	0.035***	0.081***	0.005***	0.008***	0.037***	0.034***	0.080***
	(17.495)	(3.848)	(50.439)	(8.319)	(15.98)	(17.559)	(3.823)	(50.522)	(8.311)	(15.985)

续表

指标	对市场导向媒体的调节作用					对政策导向媒体的调节作用				
	DAC	EM_cfo	EM_prod	EM_exp	EM_proxy	DAC	EM_cfo	EM_prod	EM_exp	EM_proxy
Top1	0.001*** (2.731)	0.005 (1.595)	0.002** (2.007)	0.010* (1.813)	0.013* (1.926)	0.001*** (2.824)	0.005 (1.644)	0.002** (2.120)	0.010* (1.922)	0.013** (2.015)
D_state	-0.022** (-2.007)	-0.042 (-0.491)	-0.018 (-0.627)	0.004 (0.023)	0.044 (0.223)	-0.022* (-1.938)	-0.032 (-0.374)	-0.020 (-0.695)	0.047 (0.295)	0.092 (0.472)
D_audit	-0.019 (-0.625)	-0.054 (-0.229)	-0.019 (-0.250)	-0.121 (-0.276)	-0.305 (-0.569)	-0.020 (-0.655)	-0.078 (-0.323)	-0.019 (-0.243)	-0.174 (-0.396)	-0.363 (-0.678)
Constant	0.381*** (3.320)	-0.011 (-0.012)	0.224 (0.772)	3.570** (2.165)	0.998 (0.497)	0.412*** (3.645)	0.253 (0.292)	0.363 (1.262)	3.955** (2.439)	1.389 (0.703)
N	669	669	669	669	669	669	669	669	669	669
AdjR^2	0.373	0.141	0.101	0.098	0.304	0.373	0.144	0.200	0.104	0.307
F值	20.85	6.475	13.4	4.612	15.55	20.87	6.609	13.7	4.884	15.82

表4-15　内部控制对媒体不同报道调节作用的回归结果

指标	对媒体正面报道的调节作用					对媒体负面报道的调节作用				
	DAC	EM_cfo	EM_prod	EM_exp	EM-proxy	DAC	EM_cfo	EM_prod	EM_exp	EM-proxy
Log（media）	0.017*** (3.684)	0.064 (0.988)	0.026*** (3.577)	0.076* (1.831)	0.163* (1.765)	0.015** (2.206)	0.115 (1.216)	0.006 (0.514)	0.076 (1.060)	0.196 (1.390)
Aud	0.013 (0.916)	-0.024 (-0.120)	-0.027 (-1.180)	0.035 (0.271)	0.034 (0.120)	0.019 (1.177)	0.068 (0.308)	0.007 (0.282)	0.346** (2.091)	0.110 (0.337)
M*aud	-0.013* (-1.749)	-0.013 (-0.107)	-0.008 (-0.553)	0.027 (0.345)	0.020 (0.114)	-0.029** (-2.274)	-0.051 (-0.287)	-0.025 (-1.244)	-0.070 (-0.530)	0.007 (0.027)
Size	-0.008** (-2.144)	0.015 (0.302)	-0.016*** (-2.909)	-0.037 (-1.170)	0.032 (0.460)	-0.004 (-1.004)	0.037 (0.616)	-0.014** (-1.995)	-0.123*** (-2.716)	0.046 (0.518)
Lev	0.030 (1.582)	0.250 (0.942)	0.011 (0.376)	0.414** (2.438)	0.261 (0.694)	0.003 (0.117)	-0.150 (-0.433)	0.001 (0.036)	0.412 (1.585)	-0.141 (-0.275)
Growth	0.001** (2.088)	0.050*** (6.847)	0.008*** (9.643)	0.344*** (73.566)	0.402*** (38.720)	0.001* (1.819)	0.050*** (6.846)	0.008*** (9.697)	0.345*** (63.284)	0.403*** (37.423)

续表

指标	对媒体正面报道的调节作用					对媒体负面报道的调节作用				
	DAC	EM_cfo	EM_prod	EM_exp	EM−proxy	DAC	EM_cfo	EM_prod	EM_exp	EM−proxy
Top1	0.001 (1.469)	0.005 (0.112)	0.001*** (3.936)	−0.001 (−0.678)	0.001 (0.020)	0.001* (1.938)	0.001 (0.108)	0.001*** (2.732)	0.001 (0.158)	0.001 (0.078)
D_state	−0.011 (−1.635)	−0.053 (−0.552)	−0.016 (−1.497)	0.012 (0.201)	−0.050 (−0.365)	−0.012 (−1.317)	0.020 (0.157)	−0.021 (−1.449)	−0.019 (−0.195)	0.091 (0.479)
D_audit	−0.024 (−1.344)	−0.073 (−0.288)	−0.021 (−0.728)	−0.083 (−0.516)	−0.222 (−0.621)	−0.030 (−1.467)	−0.186 (−0.664)	−0.008 (−0.255)	0.010 (0.047)	−0.270 (−0.649)
Constant	0.165** (2.247)	−0.164 (−0.159)	0.343*** (2.943)	0.736 (1.116)	−0.488 (−0.334)	0.103 (1.166)	−0.558 (−0.459)	0.315** (2.237)	2.641*** (2.889)	−0.521 (−0.288)
N	488	488	488	488	488	277	277	277	277	277
AdjR^2	0.136	0.172	0.266	0.120	0.168	0.166	0.189	0.323	0.138	0.144
F值	4.838	6.053	9.807	8.8	8.82	7.971	4.218	7.586	10.4	7.68

（4）稳健性检验

为了进一步确保上述媒体关注的市场压力假说结论的稳定性，本书还对上述研究结论进行了稳健性检验。按照盈余管理动机强度区分不同公司进行检验，区分标准主要是基于样本公司是否有增发、重大违规行为等，分样本的研究结论与整体样本研究结论基本一致。另外，本书还对采用加入代替企业盈利能力的资产收益率（ROA）的修正Jonse模型计算可操控性应计项目的盈余管理程度，然后再以模型（1）为基础进行检验，得出的研究结果基本和上述实证研究结论一致。出于节省篇幅的考虑，不对上述稳健性检验进行报告。

4.3　本章小结

本章基于会计信息质量视角，深入探讨媒体关注对公司治理的作用，并通过实证检验分析了媒体关注对财务重述和企业盈余管理的影响。首先，紧跟时代发展趋势，区别于传统研究多聚焦于报纸媒体，创新性地选取了微信媒体作为研究对象，为理解新兴媒体在资本市场中的作用提供了实证依据。同时，通过对比不同类型媒体对财务重述的影响，为推进媒体法治化进程和资本市场的健康有序发展提供了参考。其次，从企业盈余管理行为的角度出发，探讨了媒体关注的市场监督假说和市场压力假说。研究结果并非如预期般验证媒体的有效监督功能，而是倾向于支持市场压力假说，即媒体关注会给企业带来市场压力，迫使管理层不得不通过应计项目盈余管理或者真实活动盈余管理行为来满足资本市场对企业盈余的预期。因此，本书认为应该加强对媒体监督机制的建设，以更有效地发挥媒体在公司治理中的作用。

本章研究发现：

（1）媒体关注能够抑制上市公司的财务重述行为。第一，微信媒体对上市公司的关注能够抑制其财务重述，且抑制作用要强于报纸媒体。这说明随着信息技术和网络的不断发展，传统媒体和新兴媒体对上市公司行为的影响格局发生了转变。第二，通过对媒体类型的划分，发现同为报纸媒体，政策导向报纸媒体报道对上市公司财务重述的抑制作用要强于市场导向报纸媒体报道；但同样以市场为导向，微信媒体报道对上市公司财务重述的抑制作用要强于市场导向报纸媒体。第三，微信媒体报道能够显著抑制非国有上市公司的财务重述，政策导向媒体报道能够显著抑制国有上市公司的财务重述。

（2）媒体关注一定程度上能够抑制盈余管理活动。第一，媒体关注与企业应计项目盈余管理及真实活动盈余管理之间的相关系数均为正向相关关系，表明媒体关注会给企业带来压力，迫使管理层为了满足市场对盈余的预期不得不进行应计项目盈余管理，甚至是真实活动的盈余管理。第二，相对于政策导向媒体而言，市场导向媒体的关注给企业带来的市场压力更大，企业更可能选择进行应计项目盈余管理以及真实活动盈余管理，尤其是真实活动中的生产性成本盈余管理以及酌量性费用盈余管理。第三，相对于负面媒体报道而言，正面媒体报道给企业带来的压力更大，管理层更可能进行盈余管理活动，尤其是通过操控应计项目以及真实活动中的生产性成本以及酌量性费用，从而满足资本市场对企业盈余的预期。第四，内部控制质量好的公司能够减少媒体关注市场压力下的盈余管理行为，对于应计项目盈余管理以及酌量性费用盈余管理行为的减少尤其显著。这表明作为公司治理内部机制的内部控制能够与公司治理外部非正式治理机制的媒体监督相互作用，共同发挥有效的治理作用，为监管部门提供了参考性意见。

5 媒体关注对代理成本的影响分析

现代公司制企业的代理问题一直难以得到有效解决，中国资本市场经常出现一些公司通过财务会计造假方式侵害股东利益或者管理层进行"天价"在职消费的情况。例如，贵州茅台于 2017 年 4 月发布了 2016 年年度报告，其不合理的收入与利润增长幅度引起了广泛关注。有微博账号指出，贵州茅台或许为了股权激励而隐藏利润。根据媒体报道，2017 年 12 月底，茅台控股股东给高管和核心技术团队的股权激励将完成，有分析人士指出如果届时茅台将隐藏的利润释放，将为公司高管输送利益 45 亿元。除了隐藏利润外，贵州茅台的关联交易也被指涉嫌利润输送。2016 年，贵州茅台上市公司及其子公司将其资金转移到贵州茅台集团财务有限公司，但实际上，贵州茅台上市公司只占到财务公司股份的 51%，因而只能享受到利息收入的 51%，控股股东侵占小股东利益的行为表现明显。

贵州茅台这一案例凸显了管理层侵占股东利益、大股东侵害小股东利益的双重代理问题。但最先发现贵州茅台存在问题的并非公司的内部治理机制，而是媒体这一外部公司治理机制。同样，最初也是媒体曝光五粮液实际控制人 1998—2003 年侵占上市公司利润 97 亿元，并最终使其在强大的媒体舆论压力下解决了这一严重的代理问题。从贵州茅台和五粮液的案例可以看出媒体这一独立于立法、行政和司法之外的"第四方权力"的强大作用。已有文献主要研究报纸、百度搜索引擎这两大媒体的公司治理作用，但随着微信、微博等自媒体的不断发展，其已经成为用户获取信息的重要来源。TalkingData 移动数据研究中心发布的自媒体行业发展报告显示，时事新闻在微信公众号阅读量中排名第一。目前，微信已成为公众获取信息的重要渠道。媒体发挥公司治理作用的主要机制在于用户的关注，随着微信媒体影响力的不断扩大，我们不禁要思考：微信媒体关注能否有效缓解上市公司的代理问题？此外，随着微信媒体的快速发展，传统媒体对公司行为的影响是否开始削弱？这是本书重点研究的问题。

　　考虑到国有企业在我国资本市场中占据重要地位，不同所有权性质的上市公司面临的代理问题各不相同，因此我们有必要研究微信媒体关注对不同所有权性质上市公司的代理问题是否会产生不同影响。考虑到非效率投资问题在我国普遍存在，且它是委托代理问题的一个具体体现，在不同产权性质的企业中，非效率投资的具体表现存在差异，因此本书进一步检验了微信媒体关注是否会对不同产权性质的上市公司在非效率投资问题上产生不同影响。

　　通过对上述几个问题的研究，期望实现以下目的：（1）弥补已有文献对于微信媒体公司治理作用研究的不足，全面认识与评价微信媒体关注对上市公司行为的监督与治理作用；（2）从双重代理成本视角对微信媒体的公司治理作用进行检验，且进一步比较分析其与传统报纸媒体的作用差异，为监管机构进一步规范新兴媒体与传统媒体的发展提供参考；（3）进一步从非效率投资这一典型且具体的代理问题研究微信媒体对不同产权性质上市公司的治理差异，可以为提高公司治理效率提供新渠道。

5.1　理论分析与假设提出

（1）媒体的公司治理作用

　　1776年，亚当·斯密在其著作《国富论》中正式提出了"理性人"的观点，奠定了整个经济学研究的根基。而"理性人"最根本的特点就是以"个人利益最大化"为目标。在"理性人"的假设下，股份公司的管理者实际管理的是他人而非自己的财产，因而不会像私有产权公司所有者一样兢兢业业地看管公司财产，在此种情况下，管理疏忽或是故意浪费资源的现象也会很普遍（Adam Smith，1776）。

　　Jensen和Meckling（1976）对亚当·斯密提出的股份公司的观点进行了进一步探索，认为企业是一系列契约的缔结（nexus of contracts），如果契约缔结方都以各自的利益最大化为目标，就会产生代理问题。代理问题包括管理层与股东间的第一类代理问题以及大股东与小股东间的第二类代理问题。第一类代理问题主要表现为管理层在职消费、消极工作，第二类代理问题主要为大股东对上市公司资金的占用。委托人会通过设立一系列的激励与约束机制来减缓代理问题，如董事会、独立董事、股权激励等一系列公司内部治理制度被寄予厚望。但实际上，公司内部治理机制仍难以解决代理问题。管理者与股东、大股东与小股东之间的代理问题，甚至这两类代理问题同时出现于同一家上市公司的状况比较普遍。LLSV（1996，1997，1999，2002）一系列法与金融的研究使得法律这一外部治理机制对投资者保护的作用受到重视，但一个国家的法律环境在短期内是难以改变的，是一个长期奋斗的目标，短期内仍需要寻求一个法律外的替代机制以保护投资者利益（郑志刚，2007）。公司代理问题产生的根本原因在于信息不对称，作为信息传播载体的媒体成为了替代法律制度保护投资者利益的重要外部监督机制。

媒体对保护投资者利益发挥了重要作用也被很多学者所证实。Dyck 和 Zingales（2001）利用39个国家样本数据研究媒体报道对控制权私利的影响，证实了媒体报道对抑制大股东利用控制权获取私利能发挥监督作用。梁红玉等（2012）研究发现媒体监督能显著缓解第一类代理问题，罗进辉（2012）从双重代理成本的角度分析了媒体的公司治理作用，发现媒体报道能显著降低上市公司的双重代理成本，孔东民等（2013）同样发现媒体报道多的上市公司的生产效率更高，大股东掏空的关联交易更少。以上研究证实了媒体关注对上市公司的代理问题具有监督作用，但以上研究都以报纸或百度搜索引擎对上市公司的关注水平作为媒体关注的衡量变量，而微信媒体目前已成为公众获取信息重要的来源之一，因而，与以往关于传统媒体报道能有效缓解上市公司委托代理问题的结论一致，微信媒体的报道同样可能会对上市公司代理问题产生积极影响。代理问题造成的损失即为代理成本，若微信媒体关注能缓解上市公司代理问题，则应对上市公司代理成本有负向影响。基于上述分析，本书提出假设1：

假设1：上市公司被微信媒体报道越多，公司的代理成本越低。

假设1-1：上市公司被微信媒体报道越多，公司的第一类代理成本越低。

假设1-2：上市公司被微信媒体报道越多，公司的第二类代理成本越低。

（2）微信媒体和传统报纸媒体的公司治理作用差异

Dyck 和 Zingales（2002）认为媒体可以通过声誉机制影响公司治理，但很多学者认为由于中国资本市场尚不完善，声誉机制在中国还难以发挥效用（张维迎，2000；李培功和沈艺峰，2010）。实际上，媒体揭露且在其持续追踪下问题得以整改的案例颇多。

中国媒体是通过何种方式发挥其监督作用呢？李焰和王琳（2013）提出了"声誉共同体"的观点，认为大量持续的负面媒体报道后，被报道公司、中介机构以及政府监管部门会形成一个"声誉共同体"，声誉受损成本会在主体间进行传递，并最终促使事件责任主体纠错。可见，当声誉机制不能直接对公司行为产生影响时，其会通过"声誉共同体"最终影响事件发展。但形成"声誉共同体"的前提是媒体报道足够吸引公众眼球，在这种监督机制下，用户范围广的媒体监督作用可能更强。

如今信息技术的迅速发展使得传统报纸媒体信息传播的功能被大大削弱，看报纸的人也越来越少。与此同时，微信媒体迅速发展，轰动性的消息会在朋友圈、公众号间迅速传播，最终形成强大的社会反响，微信已然成为人际交往与信息获取过程不可缺少的部分。

同时，媒体对公司治理监督作用的发挥需要特定的外部环境（郑志刚，2007），如媒体的竞争性（Dyck 和 Zingales，2002；孔东民等，2013）、媒体的实际控制人（Miller，2006；李培功和沈艺峰，2010；莫冬燕，2015）都会影响媒体公司治理作用的发挥。从这一点来看，微信媒体具有传统报纸媒体不可比拟的优势，微信作为一种自媒体，进入门槛低，个人或是机构都可申请开通微信公众号，这就保证了媒体数量的充分性，而在这个信息爆炸的时代，公众注意成为一种稀缺资源，信息内容必须具有时效性和新鲜性才能取得公众的关注，这就保证了微信媒体的充分竞争，也能防止媒体与企业勾结的寻租行为。由于微信媒体进入门槛低，数量众多，更少地存在媒体被少数利益集团所控制的情况，微信媒体报道的内容比较更客观，对上市公司的代理问题可能有更大的影响。

综上所述，本书提出假设2：

假设2：微信媒体对上市公司代理成本的降低作用要强于报纸媒体。

假设2-1：微信媒体对上市公司第一类代理成本的降低作用要强于报纸媒体。

假设2-2：微信媒体对上市公司第二类代理成本的降低作用要强于报纸媒体。

（3）微信媒体对不同产权性质公司非效率投资的影响

上市公司的非效率投资是代理问题的一个重要体现，目前我国企业普遍存在非效率投资问题。媒体报道通过将更多的信息传递给信息需求者，可以降低上市公司实际控制人与外部利益相关者之间的信息不对称程度，进而也能抑制上市公司的非效率投资行为。非效率投资又可分为投资过度和投资不足两种情况，当公司有投资能力却放弃净现值为正的项目时，产生投资不足；而当公司资源被投资于净现值为负的项目时，则产生投资过度。同时，国有上市公司仍在我国上市公司中占有很大比重，国有上市公司和非国有上市公司实际控制人面临的约束和激励机制有所差异，其存在的非效率投资情况也有所不同。

投资的规模取决于实际控制人进行投资的意愿和掌控的资源。对于国有上市公司，其具有多重经营目标，除了利润目标外，国有上市公司还承担着增加就业岗位、实现期望GDP等目标，这导致其对经理人的约束激励机制与非国有上市公司有所差异。国有上市公司的实际控制人多为政府官员，对GDP这一业绩诉求甚至会超过对利润的诉求，而扩大投资规模可以实现这些目标（魏明海和柳建华，2007），这使得国有上市公司有更强烈的投资意愿，更有可能进行过度投资。同时，由于预算软约束的存在，导致国有企业投资支出与负债水平的相关性不高，国有企业获得贷款的能力更强，成本更低，而政府对国有企业、国有商业银行的双重预算软约束又进一步扭曲了投资支出与债务水平间的关系，导致国有上市公司的债务治理机制失效（辛清泉和林斌，2006）。因而，国有上市公司有更多的资源，也更有能力进行过度投资。综上所述，国有企业更有意愿也更有能力追求投资规模，因而，其过度投资水平可能更为严重（周春梅，2011；佟爱琴和马星洁，2013；池国华等，2016）。微信媒体广泛的报道量可以降低信息不对称程度，对国有上市公司的过度投资产生抑制作用。因此，本书提出假设3：

假设3：微信媒体关注对国有上市公司的过度投资问题有显著的抑制作用。

非国有上市公司面临的融资约束问题较为严重，商业银行对非国有上市公司"惜贷"的问题十分普遍（李瑛和杨蕾，2014），其融资成本更高，企业也面临着更大的投资风险。为了防止因投资失败造成自身声誉受损，经理人可能放弃净现值为正的项目而规避自身的职业风险并获得更多的闲暇时间，因而，投资不足的现象在非国有上市公司中可能表现更为明显。微信媒体对非国有上市公司的报道一方面可以通过增强其信息透明度而降低信息不对称程度，进而降低其融资成本；另一方面微信媒体还可以监督其实际控制人的不作为行为，督促其抓住投资机会。据此，本书提出假设4：

假设4：微信媒体关注对非国有上市公司的投资不足问题有显著的抑制作用。

5.2　研究设计

（1）样本选择与数据来源

本书最初选取了中国沪深两市 A 股主板上市公司 2013—2015 年 7 085 个公司（年度）样本观测值。为了避免异常数据的影响，进一步剔除了以下样本数据：①被 ST、*ST 的样本数据 588 个；②有研究表明交叉上市会影响上市公司的公司治理水平，因而本书进一步剔除了同时发行 B 股或是 H 股的上市公司样本数据 136 个；③金融业上市公司样本数据 95 个；④公司简称容易混淆的上市公司样本数据 204 个；⑤数据缺失样本 1 628 个。最终得到 4 434 个公司（年度）样本观测值。

本书所使用的报纸和微信媒体报道数据分别通过手动搜集"中国重要报纸全文数据库"和"搜狗微信搜索引擎"（http：//weixin.sogou.com/）获取，其余数据均来源于国泰安数据库。本书数据处理所使用的计量分析软件为 Stata14.0。

（2）变量定义与衡量

①被解释变量

A.第一类代理成本

第一类代理问题是指管理层与股东之间的利益冲突，产生的代理成本一般包括经理人的在职消费和消极工作的成本，前者较容易观测，也可称为显性代理成本，而后者称为隐性代理成本（杨玉凤等，2010）。以往文献（Ang 等，2007；李寿喜，2007）多采用经营费用率（管理费用与营业收入比值）衡量经理人在职消费成本。但管理费用涉及内容繁多，难以将在职消费与正常营业管理支出相区分，一般而言包含管理层非正常营业管理支出的消费可能被列入办公费、差旅费和业务招待费这三项费用中，因此，本书利用这三项费用之和与营业收入的比值来衡量管理层在职消费成本。同时，参考已有文献做法（Ang 等，2007；罗进辉，2012），本书利用总资产周转率（2*营业收入/（期初资产总计+期末资产总计））来衡量管理层消极工作的成本。上述衡量的在职消费指标越大或者是总资产周转率越小，均表明股东与管理层之间的第一类代理问题越严重。

B.第二类代理成本

第二类代理问题是指大股东与小股东之间的利益冲突，大股东对小股东利益的侵占多表现为对上市公司资金的占用，而其他应收款账户多被大股东用来隐藏占用上市公司资金的事实（罗进辉，2012）。参考罗进辉（2012）的做法，本书利用其他应收款与上市公司资产总额的比值来衡量第二类代理成本。

C.非效率投资

参考Richardson（2006）和罗明琦（2014）的做法，本书对式（1）进行Robust回归，将其残差用来衡量非效率投资。

$$
\mathrm{Inv}_{i,t} = \alpha_0 + \alpha_1 \mathrm{Growth}_{i,t-1} + \alpha_2 \mathrm{Lev}_{i,t-1} + \alpha_3 \mathrm{Cash}_{i,t-1} + \alpha_4 \mathrm{Age}_{i,t-1} + \alpha_5 \mathrm{Size}_{i,t-1} +
$$
$$
\alpha_6 \mathrm{Ret}_{i,t-1} + \alpha_7 \mathrm{Inv}_{i,t-1} + \sum_{i=1}^{18} \alpha_{9i} \mathrm{Ind} + \sum_{i=1}^{2} \alpha_{10} \mathrm{Year} + \varepsilon \tag{1}
$$

式（1）中Inv为当年新增投资额，其计算方式为：购入固定资产、无形资产和其他长期资产所支付的现金±购买（处置）子公司的支出（收入）−处置固定资产、无形资产和其他长期资产收回的现金−当期折旧和摊销金额，并除以期初资产总额以控制规模影响；Growth为公司的成长性指标，用营业收入增长率来衡量；Lev为资产负债率；Cash为现金持有量，用货币资金与短期投资之和衡量，并除以期初资产总额以控制规模影响；Age、Size和Ret分别为公司上市年限、公司期末资产总额的自然对数、考虑现金红利再投资的年度股票回报率；Ind和Year分别为行业和年度的虚拟变量。如果残差ε大于0，表示过度投资（Oinv），残差小于0则为投资不足（Uinv），分别令Oinv=ε，Uinv=−ε。

②解释变量

本书分别将微信媒体和报纸媒体对上市公司报道的数量作为媒体关注的替代变量。A.微信媒体关注：通过"搜狗微信搜索引擎"（http：//weixin.sogou.com/）精确搜索上市公司简称，微信搜索引擎会自动搜索出公众号推送全文中含有上市公司简称的文章数量，以此作为微信媒体报道数量，并用微信媒体报道数量加1的自然对数来衡量微信媒体关注水平；B.报纸媒体关注：借鉴李培功和沈艺峰的做法，本书选取了8份重要报纸的媒体报道，包括《中国证券报》《证券日报》《证券时报》《上海证券报》《中国经营报》《经济观察报》《21世纪经济报道》《第一财经日报》，通过全文搜索上市公司证券简称的方式获取报纸媒体报道的数量，并用报纸媒体报道数量加1的自然对数来衡量报纸媒体关注水平。

③控制变量

参考罗进辉（2012）的研究，本书还选取了以下控制变量：两权分离度（Sep）、内部制衡度（Inbal）、董事会规模（Board）、产权性质（Own）、独立董事比率（Inboard）、管理层持股（Msha）、CEO两职兼任（Dual）、公司规模（Size）、资产负债率（Lev）、固定资产比率（Frate）以及成长性（Growth）。此外，为了控制年份和行业差异的影响，本书还设置了年份和行业虚拟变量。表5-1列示了主要研究变量的符号和定义。

表5-1   主要变量定义表

变量类型	变量名称	变量符号	变量定义
被解释变量	在职消费成本	Agen1_1	管理费用中办公费、差旅费与业务招待费之和与营业收入的比值
	总资产周转率	Agen1_2	2*营业收入/（期初资产总计+期末资产总计）
	其他应收款比率	Agen2	其他应收款与资产总额的比值
	投资过度	Oinv	上市公司投资超过期望投资的部分
	投资不足	Uinv	上市公司投资低于期望投资的部分
解释变量	媒体关注	Media1	微信媒体报道条数加1的自然对数
		Media2	报纸媒体报道条数加1的自然对数
控制变量	两权分离度	Sep	实际控制人拥有上市公司控制权与所有权之差
	内部制衡度	Inbal	第一大股东与第二大股东持股比值
	董事会规模	Board	董事会成员个数取自然对数
	产权性质	Own	国有企业取1，非国有企业取0
	独立董事比率	Inboard	独立董事人数与董事会总人数比值
	管理层持股	Msha	管理层持股数与公司总流通股数比值
	CEO两职兼任	Dual	董事长与CEO两职兼任取1，否则取0
	公司规模	Size	公司期末资产总额的自然对数
	资产负债率	Lev	期末负债总额与资产总额比值
	固定资产比率	Frate	期末固定资产净值与资产总额比值
	成长性	Growth	当年营业收入与上年营业收入比值减1
	年度变量	Year	年度虚拟变量
	行业变量	Ind	行业虚拟变量

（3）实证模型设计

媒体关注与代理问题可能存在内生性问题。一方面，媒体关注可能降低上市公司的代理成本；另一方面，代理成本的高低会导致媒体关注度的不同，即媒体关注和代理成本之间可能存在着因果关系。借鉴罗进辉的做法，本书利用联立方程模型来控制内生性问题，同时利用3SLS方法进行参数估计，进而检验本书的研究假设，如模型5-1所示：

$$\begin{cases} Agency_{i,\,t} = \alpha_0 + \alpha_1 Media_{i,\,t} + \sum \alpha_j Governances_{i,\,t} + \sum \alpha_k Control_{i,\,t} + \varepsilon_{i,\,t} \\ Media_{i,\,t} = \beta_0 + \beta_1 Agency_{i,\,t} + \beta_2 \sum \beta_m Control_{i,\,t} + \varepsilon_{i,\,t} \end{cases}$$

模型5-1

模型5-1包含了两个计量模型：第一个模型反映了媒体关注对上市公司代理问题的影响，第二个模型检验代理问题对媒体关注度的影响。其中，Agency表示代理成本，包括Agen1_1、Agen1_2、Agen2，以及Oinv和Uinv；Media表示微信和报纸两类媒体的关注度；第一个模型中的公司治理水平控制变量Governances包括两权分离率、内部制衡度、董事会规模、独立董事比率、管理层持股、CEO是否两职兼任，控制变量Control包括产权性质、公司规模、资产负债率、固定资产比率以及成长性。第二个模型中的控制变量包括所有权性质、非流通股比率、上市年限自然对数、盈利能力。除此之外，两个模型中均控制了行业和年度变量。

5.3 实证结果与分析

（1）主要变量的描述性统计

根据表5-2可知，在职消费成本（Agen1_1）的平均值为0.01，即营业收入的1%要用于办公、差旅及业务招待支出，可见其数额较大；样本公司中有1 745家上市公司存在过度投资的情况，2 318家上市公司存在投资不足的问题，整体来看，投资不足问题更为普遍，但投资过度水平的均值要大于投资不足水平的均值，说明投资过度问题可能更为严重。微信媒体报道的平均值为5.60，而八大主要报纸媒体报道的平均值为3.22，可见微信媒体对上市公司关注更为频繁。为了剔除极端值可能对回归结果造成的影响，对所有连续变量进行了上下1%的Winsorize处理。

表5-2 主要变量描述性统计

变量	样本量	平均值	中位数	标准差	最小值	最大值
Agen1_1	4 434	0.01	0.00	0.02	0.00	0.65
Agen1_2	4 434	0.67	0.55	0.58	0.00	11.84
Agen2	4 434	0.02	0.01	0.03	0.00	0.65
Oinv	1 745	0.04	0.02	0.04	0.00	0.28
Uinv	2 318	0.03	0.02	0.03	0.00	0.24
Media1	4 434	5.60	6.53	2.96	0.00	10.83
Media2	4 434	3.22	3.22	0.88	0.00	6.34
Own	4 434	0.40	0	0.49	0	1
Sep	4 434	0.05	0.00	0.08	0.00	0.46
Inbal	4 434	13.47	4.61	34.18	1.00	1 080
Board	4 434	2.14	2.20	0.20	1.39	2.89
Inboard	4 434	0.37	0.33	0.05	0.20	0.80
Msha	4 434	0.10	0.00	0.18	0.00	0.89
Dual	4 434	0.23	0.00	0.42	0	1
Size	4 434	22.12	21.99	1.20	16.16	27.7
Lev	4 434	0.46	0.45	0.25	−0.20	8.61
Frate	4 434	0.24	0.21	0.17	0.00	0.93
Growth	4 434	0.81	0.06	28.72	−0.92	1 878

（2）实证结果分析

①假设1和假设2的回归结果分析

表5-3列示了微信和报纸媒体关注对上市公司两类代理成本影响的回归结果。其中，微信媒体关注对在职消费成本（Agen1_1）的回归系数在1%的显著性水平上为负，对总资产周转率（Agen1_2）的回归系数在1%的显著性水平上为正，表明微信媒体关注可以显著降低管理层在职消费成本并督促其努力工作，提高企业资产使用效率。以上分析表明微信媒体关注可以显著降低上市公司的第一类代理成本，假设1-1得证。微信

媒体关注对第二类代理成本（Agen2）的回归系数在1%的显著性水平上为负，表明微信媒体关注可以抑制大股东侵占上市公司利益的行为，降低第二类代理成本，即假设1-2得证。综上所述，微信媒体关注对上市公司两类代理成本都产生了显著的积极作用，假设1得证。

观察报纸媒体关注与上市公司代理成本之间的回归系数，发现报纸媒体关注与总资产周转率（Agen1_2）的回归系数在1%的显著性水平上为正，但对在职消费成本（Agen1_1）和其他应收款比率（Agen2）的回归系数不显著，表明报纸媒体可以显著改善管理层以休闲代替工作的行为，但对管理层的在职消费和大股东的掏空行为没有显著影响。

为了进一步验证微信媒体是否会比报纸媒体对上市公司的总资产周转率产生更为显著的影响，参考罗进辉（2012）的做法，在表5-3微信和报纸媒体关注与代理成本关系的联立方程的基础上，合并构建了一个由这两个联立方程组组成的等价方程组，并利用3SLS回归分析得到相同系数的估计值，并针对微信媒体和报纸媒体变量的回归系数进行卡方检验，得到的结果见表5-4。根据表5-4，微信媒体与报纸媒体对上市公司总资产周转率（Agen1_2）影响差异的卡方值在1%的水平上显著为正，表明微信媒体比报纸媒体对上市公司总资产周转率的提升作用更显著。由于报纸媒体对在职消费成本（Agen1_1）和第二类代理成本（Agen2）的影响不显著，故无须再进行比较。综上所述，假设2得证，即微信媒体对上市公司代理成本的降低作用要强于报纸媒体。

表5-3　　　　　微信和报纸媒体关注与代理成本关系的联立方程回归结果

变量	微信媒体			报纸媒体		
	Agen1_1	Agen1_2	Agen2	Agen1_1	Agen1_2	Agen2
Media	-0.0045^{***}	0.3893^{***}	-0.0084^{***}	-0.0011	0.4218^{***}	-0.0006
	(-4.62)	(6.29)	(-3.88)	(-0.68)	(3.67)	(-0.15)
Sep	-0.0008	0.3597^{***}	-0.0058	0.0018^{*}	0.0428	-0.0040
	(-0.82)	(3.65)	(-1.37)	(1.79)	(0.46)	(-0.87)
Inbal	-0.0000^{***}	0.0002	-0.0000	0.0000^{*}	-0.0004	-0.0000
	(-3.41)	(0.59)	(-1.54)	(1.74)	(-1.43)	(-0.07)

续表

变量	微信媒体			报纸媒体		
	Agen1_1	Agen1_2	Agen2	Agen1_1	Agen1_2	Agen2
Board	0.0001 (0.17)	0.0381 (0.93)	0.0054*** (2.74)	−0.0008* (−1.83)	0.0669* (1.84)	0.0046** (2.20)
Own	−0.0029*** (−6.11)	0.0658** (2.26)	−0.0031*** (−2.90)	−0.0019*** (−5.42)	−0.0490* (−1.95)	−0.0015* (−1.68)
Inboard	0.0002 (0.13)	−0.0097 (−0.07)	0.0119* (1.72)	−0.0052*** (−2.76)	0.2741* (1.79)	0.0062 (0.78)
Msha	−0.0024*** (−3.91)	0.0789 (1.59)	−0.0084*** (−3.67)	−0.0014*** (−3.28)	0.0641* (1.65)	−0.0104*** (−4.68)
Dual	−0.0002 (−0.92)	−0.0190 (−1.11)	−0.0015* (−1.91)	−0.0002 (−1.22)	0.0017 (0.13)	−0.0017** (−2.15)
Size	−0.0018*** (−5.44)	−0.0003 (−0.02)	−0.0029*** (−3.66)	−0.0030*** (−5.68)	0.1034*** (2.66)	−0.0057*** (−4.22)
Lev	−0.0013** (−1.98)	0.4187*** (5.95)	0.0155*** (6.80)	0.0007 (1.32)	0.1048 (1.63)	0.0204*** (9.08)
Frate	−0.0027*** (−3.30)	−0.0353 (−0.70)	−0.0231*** (−8.26)	0.0008 (0.99)	−0.1310** (−2.26)	−0.0205*** (−6.83)
Growth	−0.0000 (−0.09)	0.0403*** (2.71)	−0.0002 (−0.36)	−0.0005*** (−3.89)	0.0293** (2.61)	−0.0010 (−1.62)
Year	控制	控制	控制	控制	控制	控制
Ind	控制	控制	控制	控制	控制	控制
Constant	0.0629*** (11.33)	−0.7630** (−2.16)	0.0920*** (6.67)	0.0824*** (12.00)	−3.3946*** (−6.81)	0.1344*** (7.26)
N	4 434	4 434	4 434	4 434	4 434	4 434
Chi^2	1 323.61	940.37	597.23	2 293.00	3 014.95	712.84

注：（1）***、**、*分别代表1%、5%和10%的显著性水平，括号内的数字表示Z统计量。（2）限于篇幅原因，未列示代理成本对媒体关注的影响，但采用联立方程模型的3SLS方法进行估计。

表5-4 微信和报纸媒体关注对总资产周转率影响差异的检验结果

变量	Media1-Media2
Agen1_2	87.44***
	(0.00)

注：括号外数字为卡方检验的卡方值，括号内数字为P值，***表示1%的显著性水平。

②假设3和假设4的回归结果分析

将投资过度（Oinv）和投资不足（Uinv）作为代理成本的替代变量分别带入模型5-1，且按产权性质不同进行分样本回归，得到的回归结果见表5-5。从表5-5可以看出，微信媒体关注对国有上市公司过度投资水平的回归系数在5%的显著性水平上为负，表明微信媒体关注可以显著抑制国有上市公司的过度投资行为，假设3得证；微信媒体关注对非国有上市公司投资不足水平的回归系数在1%的显著性水平上为负，表明微信媒体关注可以显著改善非国有上市公司的投资不足情况，假设4得证。

表5-5 微信媒体与上市公司非效率投资联立方程的回归结果

变量	国有上市公司		非国有上市公司	
	投资过度	投资不足	投资过度	投资不足
Media	−0.0164**	0.0036	0.0010	−0.0200***
	(−2.05)	(1.22)	(0.17)	(−2.80)
Sep	0.0116	0.0160*	−0.0103	−0.0004
	(1.00)	(1.75)	(−0.68)	(−0.07)
Inbal	−0.0000	0.0000	−0.0002**	−0.0000
	(−0.26)	(0.44)	(−2.18)	(−0.36)
Board	−0.0043	−0.0007	−0.0134*	0.0003
	(−0.75)	(−0.19)	(−1.79)	(0.23)
Inboard	−0.0127	0.0202	−0.0330	0.0013
	(−0.71)	(1.41)	(−1.09)	(0.19)
Msha	0.0042	0.0309	−0.0045	0.0008
	(0.08)	(1.17)	(−0.59)	(0.19)

变量	国有上市公司		非国有上市公司	
	投资过度	投资不足	投资过度	投资不足
Dual	−0.0016	−0.0057**	−0.0013	−0.0001
	(−0.68)	(−1.99)	(−0.55)	(−0.26)
Size	−0.0028	−0.0053***	−0.0090***	−0.0001
	(−1.40)	(−3.74)	(−3.10)	(−0.04)
Lev	0.0008	−0.0002	0.0077	−0.0005
	(0.09)	(−0.04)	(1.16)	(−0.30)
Frate	0.0145	0.0133***	0.0130	0.0007
	(1.61)	(3.21)	(1.43)	(0.10)
Growth	0.0115**	0.0023	0.0096***	0.0001
	(2.38)	(1.51)	(4.20)	(0.13)
Constant	0.1513***	0.1239***	0.2622***	0.0857**
	(4.63)	(5.43)	(3.98)	(2.13)
Year	控制	控制	控制	控制
Ind	控制	控制	控制	控制
N	656	1 017	1 089	1 301
Chi²	106.24	113.32	125.55	1 064.91

5.4　本章小结

本章研究微信媒体与企业双重代理成本之间的关系，主要有以下研究发现：

（1）通过对上市公司两类代理成本进行回归分析，分别考察微信媒体和报纸媒体的影响，结果显示微信媒体关注能够显著降低上市公司的两类代理成本。换句话说，微信媒体关注对上市公司两类代理成本均产生了积极作用。

（2）报纸媒体主要能够改善管理层悠闲代理工作的行为，但微信媒体对在职消费和第二类代理成本的影响更为显著，即微信媒体在降低上市公司代理成本方面的作用要强于报纸媒体。

　　将投资过度和投资不足作为代理成本的替代变量对国有和非国有上市公司分别进行回归时，结果表明媒体关注可以显著抑制国有上市公司的过度投资行为，并且可以显著改善非国有上市公司的投资不足行为。

6 媒体关注对内部控制审计定价的影响分析

自2012年起，中国沪深两市主板上市公司被强制实施内部控制审计，内部控制审计这个新的市场发展是否健康，内部控制审计定价是否合理等问题都引起了广泛关注。实务中自愿披露内部控制审计收费信息的上市公司数量不断增加，为内部控制审计定价相关问题的研究提供了契机。张宜霞（2011）运用中国（不含港澳台）在美上市公司的经验数据进行实证检验，发现公司规模、内部控制的复杂性和会计师事务所声誉均与审计定价正相关。李补喜和贺梦琪（2014）以中国2012年上市公司为样本进行研究，发现除公司规模、业务复杂程度等因素外，股权集中度、董事会特征也正向影响内部控制审计定价。方红星等（2016）在以往文献的基础上进一步研究发现，国有产权性质、内部控制服务的保证程度与内部控制审计定价显著正相关。与内部控制审计定价显著负相关的影响因素如下：会计师事务所专业化程度、是否采用整合审计模式、公司的内部控制质量与会计师事务所的连续审计年限。

虽然已有研究表明上市公司特征与会计师事务所特征均可能影响内部控制审计费用，这在一定程度上揭示了内部控制审计定价的规律，但是现有文献均将内部控制审计定价的影响因素局限于上市公司内部的基本面特征，比如公司规模、产权性质等，缺乏观察外部信息环境对内部控制审计定价的影响并分析其内在机理，从而根据有关研究结果讨论内部控制审计定价的合理性。Gillan（2005）认为作为重要的外部信息环境的媒体关注被视为与法律并列的一种外部公司治理机制，其在资本市场上的作用愈加明显。中国证监会为规范上市公司的运作而出台的一系列政策中，特别强调要加强媒体的作用。逯东等（2015）、许瑜等（2017）的研究表明，作为外部治理机制的媒体与作为内部治理机制的内部控制之间存在显著的正相关关系，即媒体关注有助于提高上市公司的内部控制质量。但是媒体关注对内部控制审计方面的影响尚不可知。既然媒体关注对公司的内部控制有显著的外部治理作用，那么会计师事务所在与上市公司进行内部控制审计议价时，是否会考虑媒体的影响？其影响机制是什么？对上述问题，目前的研究尚不能给出解答和经验证据。

本章选取媒体关注这一外部公司治理机制作为研究视角，对内部控制审计定价的合理性进行考察，具体思路如下：首先，分析媒体关注是否能够显著提高审计师面临的审计风险进而影响内部控制审计定价；其次，在媒体关注带来的审计高风险环境下，进一步分析审计师是选择通过增加内部控制审计投入降低风险，还是直接通过收取高额的内部控制审计风险溢价转移风险；最后，全面评价审计师收取的内部控制审计风险溢价是否存在过高的现象。若该风险溢价明显过高，则意味着内部控制审计定价不合理。过高的内部控制审计定价说明其中不仅包含审计风险溢价，而且该风险溢价超出了正常水平，意味着就全社会而言内部控制审计工作可能存在严重的成本效益不对等，即成本大于效益的问题。

本章探索性地将媒体关注与内部控制审计定价结合起来进行考察，以实现如下目的：一是在以往研究的基础上，以媒体关注作为企业内部控制所处的外部信息环境和外部约束的代理变量，探索外部控制环境对内部控制审计定价的影响；二是全面认识与评价内部控制审计定价，讨论该定价是否存在过高的现象。本章不仅有助于监管机构了解目前内部控制审计定价运行规律，对其后续制定内部控制审计定价指导规范提供参考，而且对强制推行的内部控制审计定价的合理性提出反思与建议，具有重要的理论探索价值与实践指导意义。

6.1 理论分析与研究假设

1980年，西方学者开始对审计定价的影响因素进行探索。Simunic（1980）最早提出审计定价模型，认为审计费用主要包括审计成本（审计投入）与审计风险溢价（因本期审计报告导致的预期未来损失）两方面。Houston 等（1999）进一步将 Simunic 模型中的审计风险溢价按照是否与重大错报有关分解为两类：与财务报告重大错报有关的预期损失和与财务报告重大错报无关的非审计风险预期损失。此后，Raghunandan 和 Rama

（2006）、Hogan 和 Wilkin （2008）及牟韶红等（2014）等众多学者均对该模型表示肯定，并予以应用。

6.1.1　媒体关注与内部控制审计定价

首先，媒体关注会引起社会公众对企业的关注。李培功和沈艺峰（2010）、杨德明和赵璨（2012）研究发现媒体对企业内部控制情况的报道容易引起社会公众的关注，增加企业被监管部门监督与调查的可能性。Fang 和 Peress （2009）认为媒体报道作为信息媒介成为了揭示公司的潜在问题和风险的信号。其次，这种关注会给审计师带来潜在的诉讼风险，从而增加其进行内部控制审计的风险。Fan 和 Wong （2005）认为审计师作为外部治理机制角色会根据媒体报道传递出来的信号判断客户的质量，并且根据媒体报道来评估审计师可能由此面临的风险及潜在诉讼损失。最后，根据吕敏康和冯丽丽（2017）的研究，随着媒体对企业内部控制情况深入挖掘并报道，会形成特定的舆论环境，并通过同化和顺应机制影响审计师的风险容忍度及审计意见判断。根据刘笑霞（2017）的研究，如果审计师违背了这种舆论走向，其声誉就可能受损，意味着媒体对上市公司的报道尤其是负面报道会给审计师声誉带来潜在威胁。因此，为了降低诉讼风险和减少声誉受损，审计师一般会加大审计投入和收取审计风险溢价。增大审计投入，采取更加谨慎的审计策略，实施更多的审计程序，会使审计师面临的风险相对降低，但也意味着更高的成本投入，必然会导致内部控制审计定价的提高；审计师通过收取审计风险溢价来弥补后期可能面临的审计风险，就导致这部分风险溢价也会计入内部控制审计的定价中。不管审计机构采用哪种方式或者两种方式兼而有之，都会使内部控制审计定价提高。鉴于此，本章提出第一个假设：

假设1：媒体对上市公司的报道越多，内部控制审计定价越高。

6.1.2　媒体关注对内部控制审计定价的影响机制

前文合理推断媒体关注会提高内部控制审计的定价，但这种影响是通过何种途径或机制产生的也值得关注。2012年，中国强制执行内部控制审计，其对应的内部控制审计费用逐渐引起学者的重视，但截至目前，有关文献多局限在内部控制审计费用影响因素的研究，没有深入剖析其背后的影响机制，这不利于评价内部控制审计定价的合理性。本章借鉴现有的审计定价模型，以媒体关注为研究视角，试图对该问题进行细致探讨。2001年起，中国学者开始借鉴审计定价模型进行有关研究，对于内部控制审计定价，我们认为该模型同样适用。

媒体关注能够显著增加审计师面临的审计风险，进而可能提高内部控制审计定价。根据审计定价模型，媒体关注对内部控制审计定价产生影响的作用机制主要有两种：审计成本与审计风险溢价。一般情况下，审计成本补偿与审计风险溢价这两种作用机制会同时对审计定价发挥作用，但是具体到媒体关注对内部控制审计定价的影响，情况则有所不同。

媒体关注可以增加审计师面临的审计风险，而审计风险较高意味着一旦审计失败，审计师因出具不恰当审计报告可能导致的显性损失（如诉讼费、民事赔偿等）和隐性损失（声誉损失等）就更大。在此种高审计风险环境下，本章认为相比增加审计投入，内部控制审计师更可能采取直接收取高额风险溢价的应对策略，其主要原因有以下几点：第一，内部控制审计是审计师对内部控制系统的再监督，其鉴证对象多属于定性指标，而非财务数据，具有一定的动态性和主观性，故该业务本身具有较大的审计难度。内部控制审计需要运用大量的职业判断，对审计师的专业能力与执业经验要求较高，而中国内部控制审计业务仍处于发展阶段，审计师执业经验不够丰富，根据孔萍和张佩璐（2013）的研究，这无疑再次增大了内部控制审计工作的难度和审计师需要付出的努力程度。在这种情况下，审计师进一步专门针对媒体关注带来的审计风险增加额外的审计投入存在一定的困难。第二，Dyck 等（2013）研究认为媒体是资本市场中一项重要的制度安排，属于外部宏观审计环境，其对内部控制审计风险的影响是潜在的、未来的和难以量化的，很难将该风险与内部控制审计中某项或某些具体业务挂钩并进一步落实到本身已经较为复杂的内部控制审计工作中。因此，媒体关注对内部控制审计定价的影响比较特殊。审计师很可能选择放弃针对媒体关注带来的风险增加较多的审计投入，转而直接通过风险转移的方式收取高额的内部控制审计风险溢价。基于此，本书提出假设2：

假设2：媒体关注对内部控制审计定价的正向影响主要是通过审计师收取高额的内部控制审计风险溢价实现的。

6.2　研究设计

6.2.1　模型构建

为了检验假设 1，借鉴张宜霞（2011）、方红星等（2016）和方红星和陈娇娇（2016）等的研究，构建实证模型 6-1 如下：

$$ICAF = \alpha_0 + \alpha_1 Media + \alpha_2 Locat + \alpha_3 Big4 + \alpha_4 IA + \alpha_5 Lev + \alpha_6 Roa + \alpha_7 SOE +$$
$$\alpha_8 Size + \alpha_9 FSAF + \alpha_{10} Icsw + \alpha_{11} Age + \sum Year + \sum Ind + \varepsilon \qquad \text{模型6-1}$$

在模型 6-1 中，若媒体关注的系数 α_1 显著为正，则表明媒体关注与内部控制审计定价显著正相关，假设 1 得证。

模型 6-2 用于检验媒体关注主要是经何种方式（审计成本抑或审计风险溢价）正向影响内部控制审计定价。由于内部控制审计风险溢价与审计师预期的未来损失有关，其金额受到多种未知因素的影响，故目前尚没有直接对其进行衡量的有效方法。但是，审计定价受审计成本与审计风险溢价两个因素的影响，可以通过衡量审计成本，间接考察审计风险溢价的情况。鉴于此，借鉴刘笑霞等（2017）的研究，使用内部控制审计延迟作为审计师的审计投入（审计成本）衡量变量，构建实证模型 6-2 进行检验：

$$ICARL = \beta_0 + \beta_1 Media + \beta_2 Big4 + \beta_3 IA + \beta_4 Icopi + \beta_5 Lev + \beta_6 Roa + \beta_7 SOE + \beta_8 Size +$$
$$\beta_9 Icsw + \beta_{10} Age + \beta_{11} Loss + \beta_{12} Top1 + \sum Year + \sum Ind + \eta \qquad \text{模型6-2}$$

在模型 6-2 中，若媒体关注的系数 β_1 显著为正，即企业受到的媒体关注度与会计师事务所的内部控制审计投入之间为正相关关系，则说明媒体关注促使审计师增加了审计努力，主要是通过审计成本对内部控制审计定价产生影响。反之，若媒体关注的系数 β_1 并非显著为正，媒体关注并没有增加审计师的努力，则排除了媒体关注经审计成本对内部控制审计定价产生影响，肯定了媒体关注主要是通过审计风险溢价对内部控制审计定价产生影响，此时假设 2 得证。

6.2.2　变量定义与衡量

模型 6-1 和模型 6-2 的被解释变量分别为内部控制审计定价（ICAF）和内部控制审

计延迟（ICARL），解释变量为媒体关注度（Media）。参照张宜霞（2011）、方红星等（2016）及方红星和陈娇娇（2016）的研究，影响内部控制审计定价的控制变量如下：会计师事务所声誉（Big4）、资产负债率（Lev）、总资产收益率（Roa）、公司规模（Size）等指标。具体变量定义与说明见表6-1。

表6-1　　　　　　　　　　　　　　　变量定义与说明

变量类别	变量符号	变量名称	变量解释
被解释变量	ICAF	内部控制审计定价	年报中披露的内部控制审计收费金额的自然对数
	ICARL	内部控制审计延迟	资产负债表日到内部控制审计报告日之间的日历天数+1取自然对数
解释变量	Media	报纸媒体关注度	报纸对上市公司报道数量加1的自然对数
控制变量	Locat	公司所在地区	将全国划分为三个地区，公司总部所在地为东部地区（北京、天津、河北、辽宁、上海、江苏、浙江、福建、山东、广东、广西、海南）赋值为0；中部地区（山西、内蒙古、吉林、黑龙江、安徽、江西、河南、湖北、湖南）赋值为1；其余为西部地区，赋值为2
	Big4	会计师事务所声誉	内部控制审计事务所是国际四大为1，否则为0
	IA	整合审计	内部控制与财务报表由同一家会计师事务所审计赋值为1，否则为0
	Lev	资产负债率	期末负债总额除以期末资产总额
	Roa	总资产收益率	净利润除以期末资产总额
	SOE	产权性质	实际控制人为国有股赋值为1，否则为0
	Size	公司规模	公司期末资产总额的自然对数
	FSAF	财务报表审计定价	年报中披露的财务报表审计收费金额的自然对数
	Icsw	内部控制审计机构变更	公司当年发生内部控制审计机构变更赋值为1，否则为0

续表

变量类别	变量符号	变量名称	变量解释
控制变量	Age	上市时间	公司IPO以来所经历年限加1的自然对数
	Loss	是否报告亏损	当年发生亏损赋值为1，否则为0
	Icopi	内部控制审计意见类型	当年内部控制被出具非标准审计意见赋值为1，否则为0
	Top1	股权集中度	第一大股东的持股比例
	Year	年份	年度哑变量
	Ind	行业	行业哑变量

6.2.3　样本选择与数据来源

自2012年起，深沪两市主板上市公司的内部控制要经过会计师事务所审计并出具审计报告，但不强制要求披露内部控制审计费用情况，上市公司可自愿披露。由于政策实施第一年的干扰因素较多，为了保证研究结果的可靠性，本书以内部控制审计强制执行后一年为起点，选取2013—2016年沪深两市A股自愿披露内部控制审计收费的上市公司为研究对象，样本总数为4 682个。剔除金融保险行业及变量缺失的样本后，剩余样本数为3 906个。为了规避极端值对检验结果的影响，对所有连续变量进行了上下1%的 Winsorize 处理。

内部控制审计相关数据包括内部控制审计定价、内部控制审计延迟、是否整合审计、内部控制审计意见、内部控制审计机构变更等，来自迪博内部控制与风险管理数据库（DIB）；参考李培功和沈艺峰（2013）的研究方法，媒体关注数据通过手动搜集"中国重要报纸全文数据库"获取。因媒体之间存在重复转载的现象，只选取了8份主流重要报纸，包括《证券日报》《中国证券报》《上海证券报》《证券时报》《中国经营报》《21世纪经济报道》《经济观察报》《第一财经日报》，运用全文搜索获得了当年的新闻报道量。其余数据均来源于国泰安数据库。

6.3　实证结果与分析

6.3.1　描述性统计

表 6-2 报告了变量的描述性统计结果。如表 6-2 所示，Media 的最大值为 5.746，最小值为 1.099，标准差为 0.882，表明不同企业受到的媒体关注差异较大。内部控制审计费用标准差为 0.617，表明企业间内部控制审计费用存在一定的差距。Big4 的均值为0.083，表明约有 8.3% 的上市公司由普华永道、安永、德勤及毕马威四家国际会计师事务所审计。Icsw 的均值为 0.060，表明 2013—2016 年间更换内部控制审计机构的上市公司占比约为 6%。其余变量的分布均在合理区间内，不赘述。

表6-2　　　　　　　　　　　　　　　　变量的描述性统计结果

变量名称	样本量	均值	标准差	最小值	中位数	最大值
ICAF	3 906	12.700	0.617	11.290	12.610	14.700
ICARL	3 906	4.545	0.224	3.584	4.533	4.796
Media	3 906	3.321	0.882	1.099	3.332	5.746
Big4	3 906	0.083	0.276	0.000	0.000	1.000
Locat	3 906	0.507	0.706	0.000	0.000	2.000
IA	3 906	0.975	0.157	0.000	1.000	1.000
Lev	3 906	0.512	0.208	0.072	0.517	0.972
Roa	3 906	0.035	0.051	−0.196	0.035	0.181
SOE	3 906	0.689	0.463	0.000	1.000	1.000
Size	3 906	22.680	1.328	19.260	22.590	26.440
FSAF	3 906	13.710	0.707	12.430	13.590	16.100
Icsw	3 906	0.060	0.237	0.000	0.000	1.000
Age	3 906	2.686	0.497	0.693	2.833	3.219
Top1	3 906	0.370	0.158	0.093	0.350	0.771
Icopi	3 906	0.050	0.218	0.000	0.000	1.000
Loss	3 906	0.127	0.333	0.000	0.000	1.000

6.3.2　相关性分析

表6-3列示了变量的相关性检验结果。如表6-3所示，媒体关注与内部控制审计定价的Spearman相关系数（0.359）与Pearson相关系数（0.392）均在1%的水平下显著为正，表明两者之间可能为正向关系，符合假设预期。媒体关注与内部控制审计延迟的两种相关系数均为负，且在10%的水平下显著，表明两者之间可能为负向关系，亦符合假设预期。此外，参考张俊瑞等（2015）的研究，解释变量与控制变量之间的相关系数小于0.8，而且方差膨胀因子VIF远小于10，表明模型中各个变量之间不存在严重的多重共线性。

6.3.3　初步检验

本章在此部分进行初步实证检验，以验证是否上市公司受到的媒体关注越多，审计师面临的审计风险越大，以便为后文的核心假说检验奠定基础。

由于目前没有具体的内部控制审计风险衡量方法，但内部控制审计风险与整体审计风险直接相关，整体审计风险的产生多是由内部控制存在重大或重要缺陷引起的，因此本章采用整体审计风险作为内部控制审计风险的代理变量。借鉴韩维芳（2017）的做法，用LRP指标衡量审计风险（Risk）。LRP指标是指当Loss=1或Restate=1或Punish=1时，LRP取值为1，反之为0。其中，Loss（亏损），当净利润为负时取值为1，否则为0；Restate（财务报告发生重大会计差错更正），若财务报告发生了重大会计差错更正取值为1，否则为0；Punish（因会计问题被监管部门处罚），若上市公司当年因会计问题违法违规受到监管部门处罚则取值为1，否则为0。以上数据除Punish（因会计问题被监管部门处罚）来源于迪博内部控制与风险管理数据库外，其余均来源于国泰安数据库。构建实证模型6-3进行初步检验：

$$Risk = \gamma_0 + \gamma_1 Media + \gamma_2 Icsw + \gamma_3 Big4 + \gamma_4 IA + \gamma_5 Locat + \gamma_6 Lev + \gamma_7 Roa + \gamma_8 SOE + \gamma_9 Size + \gamma_{10} Age + \gamma_{11} Top1 + \sum Year + \sum Ind + \varsigma \qquad \text{模型6-3}$$

模型6-3的回归结果见表6-4。媒体关注的回归系数在1%的水平上显著为正，表明媒体关注度高的企业其审计风险高。

表6-3

主要变量相关系数

变量	ICAF	ICARL	Media	Big4	Locat	IA	Lev	Roa	SOE	Size	FSAF	Icsw	Age	Icopi	Loss	Top1
ICAF	1	0.050***	0.359***	0.312***	-0.077***	-0.053***	0.247***	0.032**	0.040***	0.628***	0.755***	-0.041**	-0.014	-0.037**	-0.040**	0.169***
ICARL	0.084***	1	-0.030*	-0.126***	0.001	0.022	0.057***	-0.121***	-0.094***	0.034**	0.071***	-0.004	-0.028*	0.117***	0.104***	-0.029*
Media	0.392***	-0.027*	1	0.204***	-0.024	-0.039***	0.107***	0.142***	0.016	0.428***	0.383***	-0.001	0.008	-0.014	-0.057***	0.095***
Big4	0.373***	-0.077***	0.222***	1	-0.114***	0.001	0.042***	0.076***	0.041***	0.300***	0.351***	0.038***	-0.060***	-0.048***	-0.073***	0.149***
Locat	-0.073***	-0.030*	-0.027*	-0.109***	1	-0.036**	0.041***	-0.106***	0.023	-0.051***	-0.159***	0.014	-0.072***	0.049***	0.103***	-0.034**
IA	-0.045***	0.010	-0.047***	0.001	-0.039***	1	-0.016	0.033**	-0.020	-0.033**	-0.042***	-0.021	0.017	-0.008	-0.046	-0.023
Lev	0.240***	0.040***	0.100***	0.042***	0.049***	-0.017	1	-0.275***	0.130***	0.389***	0.243***	0.026	0.077***	0.070***	0.199***	0.047***
Roa	0.037**	-0.082***	0.123***	0.074***	-0.094***	0.028*	-0.290***	1	-0.090***	0.097***	0.098***	-0.025	-0.057***	-0.110***	-0.548***	0.101***
SOE	0.061***	-0.044***	0.019	0.041***	0.029*	-0.020	0.132***	-0.080***	1	0.109***	-0.008	-0.005	0.042***	-0.043***	0.024	0.280***
Size	0.661***	0.081***	0.447***	0.332***	-0.064***	-0.027*	0.355***	0.124***	0.130***	1	0.717***	-0.007	-0.084***	-0.045***	-0.133***	0.296***
FSAF	0.793***	0.095***	0.414***	0.445***	-0.155***	-0.027*	0.237***	0.083***	0.019	0.747***	1	-0.024	-0.034**	-0.008	-0.090***	0.188***
Icsw	-0.039***	-0.008	-0.005	0.038***	0.017	-0.021	0.028*	-0.033**	-0.005	-0.015	-0.026	1	0.018	0.080***	0.027*	0.003
Age	-0.015	-0.054***	0.031*	-0.068***	-0.001	-0.001	0.154***	-0.087***	0.139***	-0.070***	-0.070***	0.031*	1	0.025	0.036**	-0.188***
Icopi	-0.040***	0.077***	-0.023	-0.048***	0.039***	-0.008	0.075***	-0.149***	-0.043***	-0.059***	-0.015	0.080***	0.029*	1	0.152***	-0.022
Loss	-0.050***	0.069***	-0.061***	-0.073***	0.103***	-0.046	0.208***	-0.654***	0.024	-0.143***	-0.089***	0.027*	0.066***	0.152***	1	-0.067***
Top1	0.195***	0.003	0.106***	0.154***	-0.030*	-0.024	0.038**	0.102***	0.265***	0.324***	0.215***	0.000	-0.204***	-0.022	-0.066***	1

注：左下角为Pearson相关系数，右上角为Spearman相关系数；*、**、***分别表示10%、5%、1%的显著性水平。

表6-4   媒体关注与审计风险的回归分析结果

变量	Risk
Media	0.349^{***}
	（6.25）
Icsw	0.267
	（1.59）
Big4	-0.471^{**}
	（-2.49）
IA	-0.278
	（-1.07）
Locat	0.071
	（1.22）
Lev	1.613^{***}
	（6.33）
Roa	-23.338^{***}
	（-14.88）
SOE	-0.552^{***}
	（-5.48）
Size	-0.267^{***}
	（-5.88）
Age	0.236^{**}
	（2.28）
Top1	-0.121
	（-0.39）
Constant	4.170^{***}
	（4.12）
Year	YES
Ind	YES
N	3 902
Pseudo R^2	0.2377
Chi-Square	582.872

注：*、**、***分别表示10%、5%、1%的显著性水平；括号内的数字表示Z统计量。

6.3.4　回归分析

表6-5报告了本书的多元回归分析结果。如表6-5（1）所示，在控制公司所在地、会计师事务所声誉、是否为整合审计等变量后，媒体关注与内部控制审计定价之间的回归系数为0.034，且在1%的水平下显著，表明上市公司受到的媒体关注越多，内部控制审计定价越高，假设1得证。根据表6-5（2）可知，媒体关注与内部控制审计延迟之间的回归系数为-0.019，且在1%的水平下显著，表明媒体关注并没有促使审计师增加其审计投入，排除了媒体关注经审计成本这一途径对内部控制审计定价的影响。也就是说，内部控制审计定价提高的主要作用路径如下：媒体关注越多，审计师收取的审计风险溢价越高，内部控制审计定价随之提高，即假设2得证。此外，回归结果为负数，且在1%的水平下显著，还表明媒体关注不仅没有提高审计师的努力程度，反而可能起到了反作用。也就是说，审计师向受到媒体关注较多的被审计单位收取的审计风险溢价高于媒体关注可能为其引致的潜在审计风险，这在一定程度上反映出内部控制审计定价存在一定的不合理因素，而审计定价过高的其中一个后果是可能会削弱审计师付出正常审计努力的意愿。

表6-5　　多元回归结果

变量	（1） ICAF	（2） ICARL
Media	0.034^{***} (4.40)	-0.019^{***} (-3.76)
Big4	0.073^{***} (2.60)	-0.087^{***} (-8.48)
IA	-0.074^{**} (-2.48)	0.027 (1.32)
Lev	0.049 (1.38)	-0.008 (-0.32)
Roa	-0.414^{***} (-3.04)	-0.265^{**} (-2.34)

续表

变量	（1）	（2）
	ICAF	ICARL
SOE	0.011	−0.016*
	（0.76）	（−1.77）
Size	0.068***	0.032***
	（8.32）	（7.39）
Icsw	−0.059**	−0.009
	（−2.40）	（−0.54）
Age	0.055***	−0.024***
	（4.25）	（−3.30）
Locat	0.029***	
	（3.45）	
FSAF	0.570***	
	（34.54）	
Icopi		0.065***
		（3.59）
Loss		0.024*
		（1.70）
Top1		−0.027
		（−1.01）
Constant	3.158***	4.005***
	（18.64）	（43.35）
Year	YES	YES
Ind	YES	YES
N	3 906	3 906
Adj.R²	0.653	0.065
F	360.649	10.017

注：*、**、***分别表示10%、5%、1%的显著性水平，括号里的数值为t值。

6.3.5　稳健性检验

为保证假设1与假设2所得结论的可靠性，本书还进行了如下稳健性测试：（1）采用滞后一期的媒体关注作为解释变量纳入模型（1）与模型（2）以减轻内生性的影响；（2）考虑上一期内部控制审计意见的影响并按照公司对标准误进行聚类（cluster）调整；（3）从表6-6可知，我国A股市场仅有少量的上市公司聘请国际四大进行审计。由于聘请非四大审计的样本占大多数，故单独就此样本进行检验，观察相关结论是否稳健存在。上述回归结果分别见表6-6的（1）（2）（3）。

表6-6　　　　稳健性检验结果

变量	稳健性检验（1）		稳健性检验（2）		稳健性检验（3）	
	ICAF	ICARL	ICAF	ICARL	ICAF	ICARL
L_Media	0.036***	−0.008				
	(3.86)	(−1.33)				
Media			0.037***	−0.017***	0.032***	−0.016***
			(3.53)	(−3.16)	(4.25)	(−3.02)
Big4	0.063*	−0.095***	0.068	−0.089***		
	(1.90)	(−7.55)	(1.45)	(−6.24)		
IA	−0.051	0.039	−0.072	0.019	−0.051	0.022
	(−1.47)	(1.47)	(−1.50)	(0.74)	(−1.59)	(1.02)
Lev	0.020	−0.033	0.027	−0.038	0.016	−0.036
	(0.48)	(−1.17)	(0.50)	(−1.42)	(0.48)	(−1.52)
Roa	−0.621***	−0.369***	−0.407**	−0.307**	−0.370***	−0.292**
	(−3.92)	(−2.76)	(−2.34)	(−2.58)	(−2.79)	(−2.56)
SOE	0.023	−0.020*	0.024	−0.024**	0.017	−0.023**
	(1.31)	(−1.84)	(1.09)	(−2.14)	(1.22)	(−2.56)
Size	0.064***	0.029***	0.062***	0.032***	0.062***	0.032***
	(6.59)	(5.35)	(4.89)	(6.49)	(7.85)	(7.22)

变量	稳健性检验（1）		稳健性检验（2）		稳健性检验（3）	
	ICAF	ICARL	ICAF	ICARL	ICAF	ICARL
Icsw	−0.085***	−0.029	−0.062**	−0.008	−0.057**	−0.008
	(−3.04)	(−1.53)	(−2.43)	(−0.54)	(−2.22)	(−0.45)
Age	0.039**	−0.041***	0.044**	−0.022**	0.055***	−0.024***
	(2.10)	(−4.21)	(2.25)	(−2.44)	(4.24)	(−3.08)
Locat	0.032***		0.034**		0.039***	
	(3.21)		(2.41)		(4.80)	
FSAF	0.581***		0.582***		0.580***	
	(31.04)		(22.66)		(35.26)	
Icopi		0.048**		0.058***		0.067***
		(2.32)		(2.93)		(3.58)
Loss		0.024		0.025*		0.028*
		(1.50)		(1.68)		(1.95)
Top1		−0.023		−0.024		−0.020
		(−0.68)		(−0.68)		(−0.72)
L_Icopi			−0.003	0.033*		
			(−0.08)	(1.81)		
Constant	3.083***	4.054***	3.123***	3.974***	3.096***	3.971***
	(15.25)	(37.06)	(12.15)	(39.06)	(18.25)	(44.34)
N	2 535	2 535	3 906	3 906	3 583	3 583
Adj.R²	0.665	0.047	0.648	0.043	0.581	0.037
F	382.482	12.117	177.448	9.661	396.513	11.840

注：（1）括号中数字为t值；（2）*、**、***分别为10%、5%、1%的显著性水平。

在稳健性检验（1）中，滞后一期的媒体关注与内部控制审计定价依然呈现正相关关系，与假设1一致。滞后一期的媒体关注与内部控制审计延迟无明显相关性，可能的解释为审计延迟主要受到当期媒体关注的影响，而与上一期的媒体关注关联度较低。尽管如此，该统计结果也能验证假设2，即媒体关注与审计投入不相关，主要通过收取审计风险溢价影响内部控制审计定价。稳健性检验（2）与（3）的回归结果亦与上文一致，不再赘述。

综上，由稳健性检验结果可知，本书的研究结论是稳定的。

6.4　进一步检验

刘启亮等（2013）研究发现公司面临的媒体负面报道越多，公司和审计师的审计契约关系越不稳定，发生审计师变更的情况越多。媒体关注带来的内部控制审计定价的提高，给企业带来审计费用的压力是否会促使企业考虑更换审计师进行审计成本的控制？内部控制审计机构变更后，新的审计机构是否会适当降低收取审计的风险溢价？据此思考，当内部控制审计机构发生变更时，媒体关注与内部控制审计定价之间的正向关系是否会受到影响？基于上述疑问，本书将媒体关注与内部控制审计机构变更的交乘项引入模型6-1与模型6-2，回归结果见表6-7。结果显示，媒体关注与内部控制审计机构变更交乘项的回归系数为-0.060，且在10%的水平下显著，表明内部控制审计机构变更会削弱媒体关注与内部控制审计定价之间的正相关关系。此外，该交乘项与内部控制审计延迟无显著相关性，表明内部控制审计机构变更对媒体关注与内部控制审计定价之间正相关关系的削弱作用不是通过显著增加或者减少审计成本实现的。这一结果表明，内部控制审计机构变更有助于抑制会计师事务所针对媒体关注带来的审计风险收取过高审计风险溢价的行为。

表6-7　　　引入媒体关注与内部控制审计机构变更交乘项后的回归结果

变量	ICAF	ICARL
Media	0.037^{***}	-0.020^{***}
	(4.75)	(-4.01)
Icsw	0.137	-0.105
	(1.32)	(-1.47)

续表

变量	ICAF	ICARL
Media_Icsw	−0.060* (−1.89)	0.029 (1.44)
Big4	0.074*** (2.62)	−0.087*** (−8.51)
IA	−0.075** (−2.49)	0.027 (1.33)
Lev	0.050 (1.41)	−0.008 (−0.34)
Roa	−0.417*** (−3.06)	−0.265** (−2.35)
SOE	0.011 (0.75)	−0.016* (−1.76)
Size	0.068*** (8.32)	0.032*** (7.43)
Age	0.054*** (4.22)	−0.024*** (−3.28)
Locat	0.029*** (3.42)	
FSAF	0.570*** (34.52)	
Icopi		0.064*** (3.55)
Loss		0.024* (1.70)
Top1		−0.028 (−1.04)
Constant	3.158*** (18.68)	4.006*** (43.40)

变量	ICAF	ICARL
Year	YES	YES
Ind	YES	YES
N	3 906	3 906
Adj.R^2	0.653	0.066
F	262.481	9.934

注：（1）括号中数字为t值；（2）*、**、***分别为10%、5%、1%的显著性水平。

6.5　本章小结

本章以沪深两市A股上市公司为研究样本，实证检验了媒体对内部控制审计定价及其内在机理。研究发现，媒体关注在一定程度上增加了审计师的审计风险，进而推高了内部控制审计定价，而且这种影响主要是由审计师收取高额的审计风险溢价所致。进一步研究发现，当内部控制审计机构发生变更时，媒体关注对内部控制审计定价的正向影响会有所减弱，在一定程度上抑制了内部控制审计高定价的问题。本章的研究从不同的角度证明了媒体关注这一非正式制度对于公司治理的重要作用，对于公司治理实践具有一定的借鉴意义。

7 结论与建议

本书利用沪深两市上市公司的经验数据，从内部控制、会计信息、代理成本与审计定价维度考察了媒体关注的公司治理功能，得到与已有研究不同的研究发现，并据此提出针对性建议。

7.1 研究结论

基于第3章、第4章、第5章和第6章的实证检验结果，本书得出的主要研究结论为媒体关注确实会通过影响内部控制有效性和会计信息质量发挥其公司治理作用。除此之外，基于对媒体关注作用的进一步分析，本书还发现媒体关注可以显著降低企业双重代理成本，但媒体关注也会因其增加了审计师面临的风险而导致较高的内部控制审计定价。

对相关研究结论的具体阐述如下：

（1）媒体关注能够提升企业内部控制有效性。媒体关注通过提升企业内部控制有效性发挥公司治理作用。这种对内部控制有效性的提升作用主要出现在企业生命周期的成长期与成熟期。随着互联网技术的不断发展，媒体形式也在不断更新，新兴媒体形式如微信等会对内部控制有效性产生显著影响，从而发挥公司治理作用。在对媒体报道的倾向进行区分之后，本书发现媒体的负面报道倾向会显著影响企业内部控制缺陷的修正。依赖于行政干预的完全中介作用，媒体负面报道对上市公司的内部控制缺陷修正具有促进作用。

首先，媒体对处于不同生命周期阶段企业的关注度不同，从"成长期"、"成熟期"到"衰退期"呈现逐渐递减的趋势；媒体关注对不同生命周期阶段内企业的内部控制有效性影响不同：在成长期，媒体关注可以显著提高企业内部控制的有效性；在成熟期，媒体关注对内部控制的有效性依然存在，但不再显著；在衰退期，媒体关注度与内部控制有效性呈现负相关关系。

其次，微信媒体关注可以显著提升上市公司内部控制有效性，这表明随着微信在日常生活中的普及，其在提高信息利用效率的同时也发挥着公司治理作用。通过进一步将内部控制的五个目标区分为法律法规遵循目标和经营决策有效目标两个层面进行研究，发现微信媒体关注不仅能增强上市公司对法律法规的遵循程度，而且能对其经营决策的有效目标产生显著正向影响。其中，对经营效率和效果目标及战略目标的影响具有滞后性。由于国有上市公司"预算软约束"的存在，微信媒体关注对其内部控制有效性的提升作用有限，仅能够提升国有上市公司内部控制法律法规遵循目标的实现水平。相比之下，微信媒体关注对非国有上市公司法律法规遵循目标以及经营决策有效目标均有提升作用。

最后，媒体负面报道可以促进上市公司内部控制缺陷的修正，作为法律外的治理机制，媒体对我国上市公司内部控制缺陷的修正具有积极作用。然而，这种治理作用只在一段时间内有效，两年以上的媒体负面报道难以再促进内部控制缺陷的修正。媒体负面报道可以引发行政干预，而上市公司被行政干预的次数越多，其内部控制缺陷程度越小。行政干预在媒体负面报道影响上市公司内部控制缺陷的过程中起到了中介作用。公司内部治理结构可以调节媒体负面报道的公司治理作用，具体来说，独立董事比例越高，受到相同程度媒体负面报道的上市公司内部控制缺陷程度越小。在受到相同程度的媒体负面报道时，与非国有上市公司相比，国有上市公司的内部控制缺陷程度会更小。

（2）媒体关注能够提高会计信息质量。媒体关注通过影响会计信息质量发挥公司治理作用。一方面媒体关注能够抑制上市公司的财务重述行为。第一，微信媒体对上市公司的关注能够抑制其财务重述，且抑制作用要强于报纸媒体。这说明随着信息技术和网络的不断发展，传统媒体和新兴媒体对上市公司行为的影响格局发生了转变。第二，通过对媒体类型的划分，发现同为报纸媒体，政策导向报纸媒体报道对上市公司财务重述的抑制作用要强于市场导向报纸媒体报道；但同样以市场为导向，微信媒体报道对上市公司财务重述的抑制作用要强于市场导向报纸媒体。第三，微信媒体报道能够显著抑制非国有上市公司的财务重述，政策导向性媒体报道能够显著抑制国有上市公司的财务重述。

　　另一方面媒体关注一定程度上能够抑制盈余管理活动。第一，媒体关注与企业应计项目盈余管理及真实活动盈余管理之间的相关系数均为正向相关关系，表明媒体关注会给企业带来压力，迫使管理层为了满足市场对盈余的预期不得不进行应计项目盈余管理，甚至是真实活动的盈余管理。第二，相对于政策导向媒体而言，市场导向媒体的关注给企业带来的市场压力更大，企业更可能选择进行应计项目盈余管理以及真实活动盈余管理，尤其是真实活动中的生产性成本盈余管理以及酌量性费用盈余管理。第三，相对于负面媒体报道而言，正面媒体报道给企业带来的压力也更大，管理层更可能进行盈余管理活动，尤其是通过操控应计项目以及真实活动中的生产性成本以及酌量性费用满足资本市场对企业盈余的预期。第四，内部控制质量好的公司能够减少媒体关注市场压力下的盈余管理行为，对于应计项目盈余管理以及酌量性费用盈余管理行为的减少尤其显著。这表明作为公司治理内部机制的内部控制能够与公司治理外部非正式治理机制的媒体监督相互作用，共同发挥有效的治理作用，为监管部门提供参考性意见。

　　（3）媒体关注能够降低代理成本。媒体关注可以显著降低上市公司的第一类和第二类代理成本，缓解股东与管理层、大股东与中小股东之间的代理冲突，减少大股东对上市公司利益的侵占，以及管理层的消极工作和在职消费支出。具体而言，通过分别对微信和报纸媒体对上市公司两类代理成本进行回归分析，结果表明微信媒体关注可以显著降低上市公司的两类代理成本；报纸媒体虽然能够改善管理层悠闲代理工作的行为，但微信媒体对在职消费和第二类代理成本的影响更显著，即微信媒体在降低上市公司代理成本方面的效果要优于报纸媒体。具体来说，将投资过度和投资不足作为代理成本的替代变量，对国有和非国有上市公司分别进行回归分析时，能够发现媒体关注可以显著抑制国有上市公司的过度投资行为，同时显著改善非国有上市公司的投资不足问题。

　　（4）媒体关注能够影响审计定价。媒体关注在一定程度上增加了审计师的审计风险，进而推高了内部控制审计定价，而且这种影响主要是由审计师收取高额的审计风险溢价所致。进一步研究发现，当内部控制审计机构发生变更时，媒体关注对内部控制审计定价的正向影响会有所减弱，在一定程度上抑制了内部控制审计高定价的问题。本章的研究从不同的角度证明了媒体关注这一非正式制度对于公司治理的重要作用，对于公司治理实践具有一定的借鉴意义。

7.2 研究建议

基于上述结论，本书提供了以下几点启示与建议：

（1）企业应正确定位自身所处的生命周期阶段，并明确此阶段媒体关注对内部控制的影响程度和方向。对于处于成长期与成熟期的企业，应积极接纳媒体监督，不断修正并改进内部控制的建设与执行情况。而对于处于成熟期与衰退期的企业，则应采取措施以防范媒体关注可能对内部控制带来的负面影响。媒体关注已成为公司治理领域中的一个重要机制，监管部门应当对媒体进行规范，以更好地发挥媒体在规范企业经营管理行为、保护投资者利益方面的有效监管作用。

（2）尽管微信媒体在提升上市公司内部控制有效性方面发挥了显著作用，但其对国有上市公司内部控制有效性的提升作用相对有限，这可能与国有上市公司存在的"预算软约束"现象有关，即"政府兜底"的保障使得国有上市公司对效率和效果层面内部控制缺乏足够重视。这一发现启示政府应进一步"松绑"国有上市公司，鼓励其成为更加自主的市场主体。同时，监管部门也应加强对微信媒体的规范，确保媒体公众号发布信息的可靠性，以防止微信媒体被滥用带来的负面影响。

（3）信息时代下，媒体在修正上市公司内部控制缺陷、缓解信息不对称以及降低代理成本方面发挥着积极作用。政府应正确发挥媒体报道与社会舆论的作用，维护新闻工作者正当的采访和报道权利，促进媒体的健康发展。这样可以更充分利用媒体挖掘信息的功能，监督并检查上市公司的违规行为，进而促进上市公司在资本市场中健康发展。同时，公司内部治理结构可以进一步强化媒体负面报道在公司治理中的效果，企业应当合理调整与配置内部资源，以达到及时修复内部控制缺陷的目的。

（4）微信等新兴网络媒体在治理上市公司财务重述方面大有超越传统媒体之势，应充分发挥这类媒体市场化程度高、成本低、覆盖广、传播快的优势，利用其外部治理效果，与公司内部治理形成良好互补，从而提高企业的公司治理水平。同时，要严厉打击媒体制造、传播虚假新闻的行为，保护公司的合法权益和声誉，为公司营造一个健康的舆论环境。尽管新兴媒体具有诸多优势，但政策导向报纸媒体的作用依然不可忽视，政府应坚定对政策导向报纸媒体的支持，确保其在资本市场中持久发挥监督作用。

（5）媒体关注在发挥重要监督作用的同时也会给企业带来市场压力，迫使管理层通过应计项目盈余管理或真实活动盈余管理行为满足市场对企业盈余的预期。为了减轻这种压力对公司造成的负面影响，政府应该加强对媒体监督机制的建设，以更好地发挥媒体关注的监督与治理作用。

（6）微信媒体关注可以显著缓解信息不对称问题，降低双重代理成本，但微信自媒体平台上的信息"鱼龙混杂"、真假难辨。若要持续、有效地发挥微信媒体的监督作用，需要从约束、激励和监督三方面对其进行规范：首先，加大对虚假信息发布者的处罚力度，以维护信息环境的健康；其次，保护独创性信息发布者的权益，以激励更多人提供有价值的内容；最后，设立相应的监督机制，保证上述规则得以落实，进而实现对微信自媒体平台的监督。

（7）针对媒体关注会增加审计师风险进而导致较高内部控制审计定价的事实，会计师事务所应正确看待这种影响，平衡审计风险溢价与审计投入之间的关系，合理规划内部控制审计收费，并尽可能保证审计报告的客观、公正，树立良好品牌形象和行业风气。监管机构应明确内部控制审计收费标准，规范事务所的定价行为，引导审计市场健康有序发展。企业方面，应加大内部控制体系的建设力度，不应因事务所提高审计定价而轻易妥协。相反，企业应正确对待和应对媒体关注带来的舆论压力，以积极的姿态和有效的内部控制赢得资本市场投资者的信心。

7.3 研究展望

本书通过一系列实证检验，发现媒体关注确实具有公司治理功能。媒体关注的公司治理功能主要体现在其可以显著提升企业内部控制的有效性，并对会计信息的质量产生影响。此外，本书还发现媒体关注可以降低企业双重代理成本，并影响内部控制审计定价。本书的发现丰富了媒体关注领域的研究成果。

首先，本书对媒体关注的研究较少从动态视角挖掘媒体关注发挥公司治理作用的相关机制，日后将通过丰富的案例研究打开媒体关注发挥公司治理作用运作机制的"黑箱"，探究其中的机制原理。其次，未来将更多地挖掘媒体关注如何在其他方面发挥公司治理作用，以及媒体关注公司治理作用的发挥可能会受到哪些因素的影响，从而丰富媒体关注领域的研究成果。

参考文献

[1] ASHBAUGH-SKAIFE H, COLLINS D W, KINNEY W R, et al.The effect of SOX internal control deficiencies and their remediation on accrual quality [J]. The Accounting Review, 2008, 83 (1): 217-250.

[2] BARON, R M, KENNY, D A.The moderator-mediator variable distinction in social psychological research: Conceptual, strategic and statistical considerations [J]. Journal of Personality and Social Psychology, 1986, 51 (6): 1173-1182.

[3] BECKER, G S, MURPHY, K M.A simple theory of advertising as a good or bad [J]. Quarterly Journal of Economics, 1993, 108 (4): 941-964.

[4] BENG, W GOH.Audit committees, boards of directors, and remediation of material weaknesses in internal control [J]. Singapore Management University Contemporary Accounting Research, 2009, 26 (2): 549-579.

[5] BESLEY T, PRAT A. Handcuffs for the grabbing hand? Media capture and government accountability [J]. American Economic Review, 2006, 96 (3): 720-736.

[6] BIRKLAND T A.After disaster: Agenda setting, public policy, and focusing events [M]. Washington: Georgetown University Press, 1998, 113 (3): 516-517.

[7] BUSHEE B J, CORE J E, GUAY W, et al.The role of the business press as an information intermediary [J]. Journal of Accounting Research, 2010, 48 (1): 1-19.

[8] CHAN W S. Stock price reaction to news and no-news: Drift and reversal after headlines [J]. Journal of Financial Economics, 2003, 70 (2): 223-260.

［9］ CHEN Y Y，KNECHEL R，MARISETTY V V，et al.Internal control weakness and board independence：Evidence from SOX 404 disclosures ［J］．Working Essay，2011，36（2）：45-62.

［10］ CHEN C W，PANTZALIS C， PARK J C.Press coverage and stock prices'deviation from fundamental value ［J］．SSRN e-Library，2013，36（2）：175-214.

［11］ COSTELLO A M， WITTENBERG-MOERMAN R.The impact of financial reporting quality on debt contracting：Evidence from internal control weakness Reports ［J］．Journal of Accounting Research，2011，49（1）：97-136.

［12］ DAIGLE R J， KIZIRIAN T， SNEATHEN L D.System controls reliability and assessment effort ［J］．International Journal of Auditing，2005，9（3）：79-90.

［13］ SIMUNIC D A.The pricing of audit services：Theory and evidence ［J］．Journal of Accounting Research，1980，18（1）：161-190.

［14］ DECHOW P M，SLOAN R G， HUTTON A P.Detecting earnings management ［J］．Accounting Review，1995，70（2）：193-225.

［15］ DHALIWAL D， LI O，et al.Voluntary nonfinancial disclosure and the cost of equity capital：The initiation of corporate social responsibility reporting ［J］．Review，2011，86（1）：59-100.

［16］ DICKINSON V.Cash flow patterns as a proxy for firm life cycle ［J］．Social Science Electronic Publishing，2011，86（6）：1969-1994.

［17］ DOYLE J， GE W， MC VAY S.Determinants of weakness in internal control over financial reporting ［J］．Journal of Accounting and Economics，2007，44（1-2）：193-223.

［18］ DOYLE J T， GE W， MCVAY S.Accruals quality and internal control over financial reporting ［J］．The Accounting Review，2007，82（5）：1141-1170.

［19］ DYCK A， VOLCHKOVA N， ZINGALES L.The corporate governance role of the media：Evidence from Russia ［J］．Journal of Finance，2008，63（3）：1093-1135.

［20］ DYCK A， ZINGALES L.The media and asset prices ［J］．Working Paper，Harvard

University, 2003, 2 (2).

[21] DYCK A, ZINGALES L. Private benefits of control: An international comparison [J]. Working Paper No.8711. National Bureau of Economic Research, Cambridge, Massachusetts, 2001, 59 (2): 537-541.

[22] ELLMAN M, GERMANO F. What do the paper sell? A model of advertising and media bias [J]. Economic Journal, 2009, 119 (537): 680-704.

[23] FAN J P H, WONG T J. Do external auditors perform a corporate governance role in emerging markets? Evidence from East Asia [J]. Journal of Accounting Research, 2005, 43 (1): 35-72.

[24] FANG L, PERESS J. Media coverage and the cross-section of stock returns [J]. CFA Digest, 2009, 64 (5): 2023-2052.

[25] FELIX W A, GRAMLING A A, MALETTA M. The contribution of internal audit as a determinant of external audit fees and factors influencing this contribution [J]. Journal of Accounting Research, 2001, 39 (3): 513-535.

[26] FERNÁNDEZ C, ARRONDO, R. Alternative internal controls as substitutes of the board of directors [J]. Corporate Governance, 2005, 13 (6): 856-866.

[27] FIELDS T D, LYS T Z, VINCENT L. Empirical research on accounting choice [J]. Journal of Accounting & Economics, 2001, 31 (1-3): 255-307.

[28] GEIS G. White-Collar Criminal: The offender in business and the professions [M]. Abingdon: Transaction Publishers, 2006.

[29] GILLAN S L. Recent developments in corporate governance: An overview [J]. Journal of Corporate Finance, 2006, 12 (3): 381-402.

[30] GLAESER E L, SHLEIFER A. A reason for quantity regulation [J]. American Economic Review, 2001, 91 (2): 431-435.

[31] GONG G, KE B, YU Y. Home country investor protection, ownership structure and cross-listed firms' compliance with SOX-mandated internal control deficiency disclosures [J]. Contemporary Accounting Research, 2013, 30 (4): 1490-1523.

[32] GREINER L E. Evolution and revolution as organizations grow [J]. Family Business

Review, 1997, 76 (4): 55.

[33] HACKENBRACK K, KNECHEL W R. Resource allocation decisions in audit engagements [J]. Contemporary Accounting Research, 1997, 14 (3): 481-499.

[34] HAMBRICK, MASON. Upper echelons: The organization as a reflection of its top managers [J]. Academy of Management Review, 1984, 9 (2): 193-206.

[35] PAUL M H , JAMES M W. A review of the earnings management literature and its implications for standard setting [J]. Accounting Horizons, 1999, 13 (4): 365-383.

[36] HIRSHLEIFER D, HONG T S. Herd behaviour and cascading in capital markets: A review and synthesis [J]. European Financial Management, 2003, 9 (1): 25-66.

[37] HOAG M L , CARL W H. An intertemporal analysis of audit fees and section 404 material weaknesses [J]. Auditing, 2011, 30 (2): 173-200.

[38] CHRIS E H, MICHAEL S W. Evidence on the audit risk model: Do auditors increase audit fees in the presence of internal control deficiencies? [J]. Contemporary Accounting Research, 2008, 25 (1): 219-242.

[39] HOUSTON R W, PRATT P J H. The audit risk model, business risk and audit-planning decisions [J]. Accounting Review, 1999, 74 (3): 281-298.

[40] JENSEN M C, MECKLING W H. Theory of the firm: Managerial behavior, agency costs and ownership structure [J]. Journal of Political Economy, 1976, 3 (4): 305-360.

[41] JOE J R. Why press coverage of a client influences the audit opinion [J]. Journal of Accounting Research, 2010, 41 (1): 109-133.

[42] JOE J R, HENOCK L, DAHLIA R. Managers' and investors' responses to media exposure of board ineffectiveness [J]. Journal of Financial and Quantitative Analysis, 2009, 44 (3): 579-605.

[43] KIM J B, SONG B Y, ZHANG L. Internal control weakness and bank loan contracting: Evidence from SOX section 404 disclosures [J]. The Accounting Review, 2011, 86 (4): 1157-1188.

[44] KRISHNAN J, RAMA D, ZHANG Y. Costs to comply with SOX section 404 [J].

Auditing: A Journal of Practice and Theory, 2008, 27 (1): 169-186.

[45] Krishnan, J.Audit committee quality and internal control: An empirical analysis [J]. The Accounting Review, 2005, 80 (2): 649-675.

[46] LA P R, LOPEZ D S F, SHLEIFER A, et al. Investor protection and corporate governance [J]. Journal of Financial Economics, 1999, 58 (1): 3-27.

[47] LA P R, LOPEZ D S F, SHLEIFER A, et al. Investor protection and corporate valuation [J]. Journal of Finance, 2002, 57 (3): 1147-1170.

[48] LA P R, LOPEZ D S F, SHLEIFER A, et al. Law and finance [J]. Journal of Political Economy, 1996, 106 (6): 1113-1155.

[49] LA P R, LOPEZ D S F, SHLEIFER A, et al. Legal determinants of external finance [J]. The Journal of Finance, 1997, 52 (3): 1131-1150.

[50] LAFOND R, YOU H F.The federal deposit insurance corporation improvement act, bank internal controls and financial reporting quality [J]. Journal of Accounting and Economics, 2010, 49 (1-2): 75-83.

[51] LIU B, MCCONNELL J J.The role of the media in corporate governance: Do the media influence managers' capital allocation decisions? [J]. Journal of Financial Economics, 2013, 110 (1): 1-17.

[52] MARK S B. An empirical analysis of the relation between the board of director composition and financial statement fraud [J]. The Accounting Review, 1996, 71 (4): 443-465.

[53] MILLER G S.The press as a watchdog for accounting fraud [J]. Journal of Accounting Research, 2006, 44 (5): 1001-1033.

[54] MITRA S H, MAHMUD M, et al.Corporate ownership characteristics and timeliness of remediation of internal control weakness [J]. Managerial Auditing Journal, 2013, 27 (9): 846-877.

[55] MOCK T J, WRIGHT A. An exploratory study of auditors' evidential planning judgments [J]. A Journal of Practice and Theory, 1993, 12 (3): 39-61.

[56] NGUYEN B D.Is more news good news? Media coverage of CEOs, firm value, and

rent extraction [J]. The Quarterly Journal of Finance, 2015, 5 (4): 1-35.

[57] O'KEEFE T B, SIMUNIC D A, STEIN M T. The production of audit services: Evidence from a major public accounting firm [J]. Journal of Accounting Research, 1994, 32 (2): 241-261.

[58] FANG L H, PERESS J.Media coverage and the cross-section of stock returns [J]. The Journal of Finance, 2009, 64 (5): 2023-2052.

[59] PISTOR K, XU C G.Governing stock markets in transition economies: Lessons from China [J]. American Law and Economics Review, 2005, 7 (1): 184-210.

[60] RAGHUNANDAN K, RAMA D V.SOX section 404 material weakness disclosures and audit fees [J]. Auditing, 2006, 25 (1): 99-114.

[61] RICHARDSON S. Over-investment of Free Cash Flow [J]. Review of accounting studies, 2006 (11): 159-189.

[62] ROBINSON D. Managers' and investors' responses to media exposure of board ineffectiveness [J]. Social Science Electronic Publishing, 2009, 44 (3): 579-605.

[63] SUGATA R.Earnings management through real activities manipulation [J]. Journal of Accounting and Economics, 2006, 42 (3): 335-370.

[64] SEGERBERG A, BENNETT W L. Social media and the organization of collective action: Using twitter to explore the ecologies of two climate change protests [J]. The communication review, 2011, 14 (3): 197-215.

[65] SHLEIFER A, VISHNY R W. A survey of corporate governance [J]. Journal of Finance, 1997, 52 (2): 737-783.

[66] SMITH A.The wealth of nations (1776) [M]. New York: Modern Library, 2006.

[67] TETLOCK P C.All the news that's fit to reprint: Do investors react to stale information? [J]. Review of Financial Studies, 2011, 24 (5): 1481-1512.

[68] TETLOCK P C.Giving content to investor sentiment: The role of media in the stock market [J]. Journal of Finance, 2007, 62 (3): 1139-1168.

[69] VEGA C. Stock price reaction to public and private information [J]. Journal of Financial Economics, 2006, 82 (1): 103-133.

[70] WEISBACH M S. Outside directors and CEO turnover [J]. Journal of Financial Economics, 1988, 20 (1-2): 431-460.

[71] XU N, CHEN Q, XU Y, et al. Political uncertainty and cash holdings: Evidence from China [J]. Journal of Corporate Finance, 2016 (40): 276-295.

[72] 才国伟, 邵志浩, 徐信忠. 企业和媒体存在合谋行为吗?——来自中国上市公司媒体报道的间接证据 [J]. 管理世界, 2015 (7).

[73] 曹建新, 陈志宇. 内部控制与审计费用的相关性研究 [J]. 财会通讯, 2011 (6).

[74] 曹裕, 陈晓红, 万光羽. 控制权、现金流权与公司价值——基于企业生命周期的视角 [J]. 中国管理科学, 2010 (3).

[75] 曾蔚, 刘志杰, 张昭. 媒体关注、内部控制有效性与企业业绩波动性研究 [J]. 中南大学学报 (社会科学版), 2016 (2).

[76] 陈冬华, 章铁生, 李翔. 法律环境、政府管制与隐性契约 [J]. 经济研究, 2008 (3).

[77] 陈汉文, 程智荣. 内部控制、股权成本与企业生命周期 [J]. 厦门大学学报 (哲学社会科学版), 2015 (2).

[78] 程果. 社会化媒体传播机制和传播特点探析——以微信为例 [J]. 新闻研究导刊, 2015 (8).

[79] 池国华, 杨金, 郭菁晶. 内部控制、EVA 考核对非效率投资的综合治理效应研究——来自国有控股上市公司的经验证据 [J]. 会计研究, 2016 (10).

[80] 醋卫华, 李培功. 媒体监督公司治理的实证研究 [J]. 南开管理评论, 2012 (1).

[81] 醋卫华, 夏云峰. 声誉机制起作用吗——基于中国股票市场的证据 [J]. 财经科学, 2012 (10).

[82] 醋卫华. 公司丑闻、声誉机制与高管变更 [J]. 经济管理, 2011 (1).

[83] 丁沛文. 董事会治理结构对企业内部控制的影响探究 [J]. 金融经济, 2014 (22).

[84] 丁棠丽, 卢颖, 梅元清, 等. 董事会特征对内部控制重大缺陷整改的影响——

来自沪深 A 股上市公司的经验证据［J］. 财会通讯，2018（14）.

[85] 董望，陈汉文. 内部控制、应计质量与盈余反应：基于中国 2009 年 A 股上市公司的经验证据［J］. 审计研究，2011（4）.

[86] 方红星，金玉娜. 公司治理、内部控制与管理层决策视域［J］. 财务研究，2016（5）.

[87] 方红星，陈娇娇，于巧叶. 内部控制审计收费的影响因素研究［J］. 审计与经济研究，2016（4）.

[88] 方红星，陈娇娇. 整合模式下两类审计收费之间的交叉补贴——知识溢出效应还是规模经济效应？［J］. 审计研究，2016（1）.

[89] 盖地，盛常艳. 内部控制缺陷及其修正对审计收费的影响——来自中国 A 股上市公司的数据［J］. 审计与经济研究，2013（3）.

[90] 韩维芳. 审计风险，审计师个人的经验与审计质量［J］. 审计与经济研究，2017（3）.

[91] 韩小芳. 实际控制人对内部控制信息披露的影响——基于 2009—2010 年深圳主板 A 股上市公司的实证研究［J］. 山西财经大学学报，2012（12）.

[92] 贺建刚，魏明海，刘峰. 利益输送、媒体监督与公司治理：五粮液案例研究［J］. 管理世界，2008（10）.

[93] 贺建刚，魏明海. 控制权、媒介功用与市场治理效应：基于财务报告重述的实证研究［J］. 会计研究，2012（4）.

[94] 侯巧铭，宋力，蒋亚朋. 管理者行为、企业生命周期与非效率投资［J］. 会计研究，2017（3）.

[95] 黄宏斌，翟淑萍，陈静楠. 企业生命周期、融资方式与融资约束——基于投资者情绪调节效应的研究［J］. 金融研究，2016（7）.

[96] 孔东民，刘莎莎，应千伟. 公司行为中的媒体角色：激浊扬清还是推波助澜？［J］. 管理世界，2013（7）.

[97] 孔萍，张佩璐. 我国财务报告内部控制审计探析［J］. 国际税收，2013（10）.

[98] 李补喜，贺梦琪. 内部控制审计费用影响因素探析——基于我国上市公司的数据检验［J］. 经济问题，2014（9）.

[99] 李嘉伶. 媒体监督对内部控制缺陷修正的中介效应研究 [D]. 长沙: 湖南大学, 2018.

[100] 李晋豫. 当前传统媒体的局限和挑战 [J]. 新闻采编, 2015 (3).

[101] 李培功, 沈艺峰. 经理薪酬、轰动报道与媒体的公司治理作用 [J]. 管理科学学报, 2013 (10).

[102] 李培功, 沈艺峰. 媒体的公司治理作用: 中国的经验证据 [J]. 经济研究, 2010 (4).

[103] 李寿喜. 产权、代理成本和代理效率 [J]. 经济研究, 2007 (1).

[104] 李万福, 林斌, 刘春丽. 内部控制缺陷异质性如何影响财务报告? ——基于中国情境的经验证据 [J]. 财经研究, 2014 (6).

[105] 李维安. 美国的公司治理 [M]. 北京: 中国财政经济出版社, 2003.

[106] 李心合. 内部控制研究的困惑与思考 [J]. 会计研究, 2013 (6).

[107] 李璇. 上市公司组织架构内部控制缺陷驱动因素分析 [J]. 财会通讯, 2013 (3).

[108] 李焰, 王琳. 媒体监督、声誉共同体与投资者保护 [J]. 管理世界, 2013 (11).

[109] 李瑛, 杨蕾. 不同产权性质下会计稳健性与非效率投资行为实证研究 [J]. 预测, 2014 (5).

[110] 李云鹤, 李湛, 唐松莲. 企业生命周期、公司治理与公司资本配置效率 [J]. 南开管理评论, 2011 (3).

[111] 梁红玉, 姚益龙, 宁吉安. 媒体监督、公司治理与代理成本 [J]. 财经研究, 2012 (7).

[112] 梁上坤. 媒体关注、信息环境与公司费用粘性 [J]. 中国工业经济, 2017 (2).

[113] 林斌, 林东杰, 谢凡, 等. 基于信息披露的内部控制指数研究 [J]. 会计研究, 2016 (12).

[114] 林瑶瑶. 公司治理结构对内部控制缺陷的影响研究 [D]. 无锡: 江南大学, 2014.

[115] 林毅夫. 中国经济专题 [M]. 2版. 北京: 北京大学出版社, 2012.

[116] 林钟高, 丁茂桓. 内部控制缺陷及其修复对企业债务融资成本的影响——基于

内部控制监管制度变迁视角的实证研究 [J]. 会计研究, 2017 (4).

[117] 林钟高, 徐虹, 王帅帅. 内部控制缺陷及其修复、合规成本与高管变更 [J]. 河北经贸大学学报, 2017 (5).

[118] 林钟高, 赵孝颖. 外部监管与内部控制缺陷修复——基于分析师跟踪与机构投资者双重视角 [J]. 财会月刊, 2019 (2).

[119] 刘启亮, 罗乐, 何威风, 等. 产权性质、制度环境与内部控制 [J]. 会计研究, 2012 (3).

[120] 刘启亮, 李蕙, 赵超, 等. 媒体负面报道、诉讼风险与审计费用 [J]. 会计研究, 2014 (6).

[121] 刘笑霞, 李明辉, 孙蕾. 媒体负面报道、审计定价与审计延迟 [J]. 会计研究, 2017 (4).

[122] 刘焱. 企业生命周期、内部控制与过度投资 [J]. 财经问题研究, 2014 (11).

[123] 刘燕. 内部控制缺陷及其修正对财务报告质量的影响 [J]. 财会通讯, 2018 (14).

[124] 刘玉廷, 王宏. 提升企业内部控制有效性的重要制度安排——关于实施企业内部控制注册会计师审计的有关问题 [J]. 会计研究, 2010 (7).

[125] 刘祖基. 企业内部控制有效性影响因素研究——基于制度环境的经验证据 [R]. 财政部财政科学研究所, 2013.

[126] 逯东, 付鹏, 杨丹. 媒体类型、媒体关注与上市公司内部控制质量 [J]. 会计研究, 2015 (4).

[127] 逯东, 王运陈, 王春国, 等. 政治关联与民营上市公司的内部控制执行 [J]. 中国工业经济, 2013 (11).

[128] 罗宏, 张玮倩. 媒体报道对高管薪酬的管制作用研究 [C]. 中国会计学会2011学术年会论文集, 2011.

[129] 罗进辉, 蔡地. 媒体报道能够提高股价的信息含量吗? [J]. 投资研究, 2013 (5).

[130] 罗进辉, 杜兴强. 媒体报道、制度环境与股价崩盘风险 [J]. 会计研究, 2014 (9).

[131] 罗进辉. 媒体报道对权益成本和债务成本的影响及其差异——来自中国上市公司的经验证据 [J]. 投资研究, 2012 (9).

[132] 罗进辉. 媒体报道的公司治理作用——双重代理成本视角 [J]. 金融研究, 2012 (10).

[133] 罗明琦. 企业产权、代理成本与企业投资效率——基于中国上市公司的经验证据 [J]. 中国软科学, 2014 (7).

[134] 吕敏康, 冉明东. 广告投入、媒体中介与企业价值 [J]. 厦门大学学报 (哲学社会科学版), 2016 (5).

[135] 吕敏康, 冯丽丽. 媒体报道, 职业能力异质性与审计质量 [J]. 审计研究, 2017 (3).

[136] 马壮, 王云. 媒体报道、行政监管与财务违规传染——基于威慑信号传递视角的分析 [J]. 山西财经大学学报, 2019 (9).

[137] 莫冬燕, 杨真真, 徐浩然. 企业生命周期、媒体关注与内部控制有效性 [J]. 财经问题研究, 2018 (1).

[138] 莫冬燕. 媒体关注: 市场监督还是市场压力——基于企业盈余管理行为的研究 [J]. 宏观经济研究, 2015 (11).

[139] 牟韶红, 李启航, 于林平. 内部控制、高管权力与审计费用——基于2009—2012年非金融上市公司数据的经验研究 [J]. 审计与经济研究, 2014 (4).

[140] 齐保垒, 田高良, 李留闯. 上市公司内部控制缺陷与财务报告信息质量 [J]. 管理科学, 2010 (4).

[141] 曲琳琳. 审计师行业专长与财务重述的实证研究 [J]. 会计之友, 2015 (2).

[142] 权小锋, 吴世农. 媒体关注的治理效应及其治理机制研究 [J]. 财贸经济, 2012 (5).

[143] 沈艺峰, 杨晶, 李培功. 网络舆论的公司治理影响机制研究——基于定向增发的经验证据 [J]. 南开管理评论, 2013 (3).

[144] 孙坤, 于洋. 媒体监督会提高审计质量吗? [J]. 东北财经大学学报, 2016 (1).

[145] 孙文娟. 公司治理对内部控制质量的影响研究 [J]. 财会通讯, 2011 (2).

[146] 唐雪松, 周晓苏, 马如静. 政府干预、GDP增长与地方国企过度投资 [J]. 金

融研究，2010（8）.

[147] 田高良，封华，于忠泊. 资本市场中媒体的公司治理角色研究［J］. 会计研究，2016（6）.

[148] 佟爱琴，马星洁. 宏观环境、产权性质与企业非效率投资［J］. 管理评论，2013（9）.

[149] 王小鲁，樊纲，余静文. 中国分省份市场化指数报告（2016）［M］. 北京：社会科学文献出版社，2016.

[150] 王云，李延喜，宋金波，等. 企业生命周期视角下盈余管理方式研究——基于债务契约理论［J］. 管理评论，2016（12）.

[151] 魏明海，柳建华. 国企分红、治理因素与过度投资［J］. 管理世界，2007（4）.

[152] 温忠麟，张雷，侯杰泰，等. 中介效应检验程序及其应用［J］. 心理学报，2004（5）.

[153] 谢佩洪，汪春霞. 管理层权力、企业生命周期与投资效率——基于中国制造业上市公司的经验研究［J］. 南开管理评论，2017（1）.

[154] 辛清泉，林斌. 债务杠杆与企业投资：双重预算软约束视角［J］. 财经研究，2006（7）.

[155] 熊艳，李常青，魏志华. 媒体"轰动效应"传导机制：经济后果与声誉惩戒——基于"霸王事件"的案例研究［J］. 管理世界，2011（10）.

[156] 徐莉萍，辛宇，祝继高. 媒体关注与上市公司社会责任之履行——基于汶川地震捐款的实证研究［J］. 管理世界，2011（3）.

[157] 徐莉萍，辛宇. 媒体治理与中小投资者保护［J］. 南开管理评论，2011（6）.

[158] 许瑜，冯均科，李若昕. CEO激励、媒体关注与内部控制有效性的关系研究［J］. 审计与经济研究，2017（2）.

[159] 薛云奎，白云霞. 国家所有权、冗余雇员与公司业绩［J］. 管理世界，2008（10）.

[160] 杨德明，赵璨. 内部控制、媒体曝光率与国有企业高管腐败［J］. 财务研究，2015（5）.

[161] 杨德明，赵璨. 媒体监督、媒体治理与高管薪酬［J］. 经济研究，2012（6）.

[162] 杨建云. 公司治理对上市公司内部控制缺陷披露的影响研究 [D]. 北京：首都经济贸易大学，2014.

[163] 杨洁，郭立宏. 声明还是缄默：负面报道后国企和民企印象管理行为的差异研究 [J]. 南开管理评论，2017（1）.

[164] 杨玉凤，王火欣，曹琼. 内部控制信息披露质量与代理成本相关性研究——基于沪市 2007 年上市公司的经验数据 [J]. 审计研究，2010（1）.

[165] 于忠泊，田高良，齐保垒，等. 媒体关注的公司治理机制——基于盈余管理视角的考察 [J]. 管理世界，2011（9）.

[166] 于忠泊，田高良，张咏梅. 媒体关注、制度环境与盈余信息市场反应——对市场压力假设的再检验 [J]. 会计研究，2012（9）.

[167] 余明桂，潘红波. 政治关系、制度环境与民营企业银行贷款 [J]. 管理世界，2008（8）.

[168] 余明桂、万龙翔. 富豪榜对企业盈余管理的影响："声名远扬"还是"引火上身" [J]. 中国地质大学学报（社会科学版），2016（5）.

[169] 俞俊利，李颖琦. 股权制衡与内部控制有效性——基于 2008—2010 年酿酒类上市公司的案例分析 [J]. 会计研究，2012（2）.

[170] 张建君，张志学. 中国民营企业家的政治战略 [J]. 管理世界，2005（7）.

[171] 张俊瑞，刘慧，杨蓓. 未决诉讼对审计收费和审计意见类型的影响研究 [J]. 审计研究，2015（1）.

[172] 张丽达，冯均科，陈军梅. 媒体监督、内部控制与审计意见 [J]. 审计研究，2016（5）.

[173] 张萍，徐巍. 媒体监督能够提高内部控制有效性吗？——来自中国上市公司的经验证据 [J]. 会计与经济研究，2015（5）.

[174] 张维迎. 产权安排与企业内部的权力斗争 [J]. 经济研究，2000（6）.

[175] 张维迎. 所有制、治理结构及委托代理关系 [J]. 经济研究，1996（9）.

[176] 张阳. 中国上市公司董事会特征与内部控制有效性的相关性研究 [D]. 西安：西北大学，2013.

[177] 张宜霞. 财务报告内部控制审计收费的影响因素——基于中国内地在美上市公

司的实证研究 [J]. 会计研究，2011（12）.

[178] 张颖，郑洪涛. 我国企业内部控制有效性及其影响因素的调查与分析 [J]. 审计研究，2010（1）.

[179] 赵渊贤，吴伟荣. 企业外部规制影响内部控制有效性研究——来自中国上市公司的经验证据 [J]. 中国软科学，2014（4）.

[180] 郑军，林钟高，彭林. 产权性质、治理环境与内部控制的治理效应 [J]. 财经理论与实践，2014（3）.

[181] 郑石桥，徐国强，邓柯，等. 内部控制结构类型、影响因素及效果研究 [J]. 审计研究，2009（1）.

[182] 郑志刚，丁冬，汪昌云. 媒体的负面报道、经理人声誉与企业业绩改善——来自我国上市公司的证据 [J]. 金融研究，2011（12）.

[183] 郑志刚. 法律外制度的公司治理角色——一个文献综述 [J]. 管理世界，2007（9）.

[184] 郑志刚. 投资者之间的利益冲突和公司治理机制的整合 [J]. 经济研究，2004（2）.

[185] 周春梅. 国有上市公司投资行为异化：投资过度抑或投资不足：基于政府干预角度的实证研究 [J]. 宏观经济研究，2011（11）.

[186] 朱彩婕. 董事会治理对内部控制缺陷修复的影响研究 [D]. 济南：山东大学，2016.

[187] 朱荣恩，应唯，吴承刚，等. 关于企业内部会计控制应用效果的问卷调查 [J]. 会计研究，2004（10）.

索 引

后　记

　　时光荏苒，白驹过隙，本书的研究工作开展历时多年，现能够在东北财经大学出版社正式出版，有诸多收获与需要感谢的人和事。

　　本书的出版得到东北财经大学优秀学术专著出版资助；研究过程中相继获得国家自然科学基金、中国博士后科学基金、辽宁省社会科学基金等项目资助，感谢各级各类科研基金为本书研究工作顺利开展提供较为充足的研究经费。

　　这期间我也经历了博士后项目的研究与出站，感谢博士后合作导师方红星教授的指导与关怀。方老师为人宽容大气，学术严谨求真，培养学生尽心尽责，对我的成长给予了诸多支持与鼓励。

　　感谢我的博士生导师戴德明教授、硕士生导师孙光国教授。两位老师在我的学术与职业道路上的影响深远，也给予了我许多关怀和爱护。感谢东北财经大学的各位老师与同事。感谢东北财经大学出版社及李彬老师等各位编辑对于本书出版给予的指导与帮助。感谢在人生路上相识并给予我各种关心与帮助的朋友、同学与学生。

　　特别感恩父母近四十年的养育，他们为我付出了诸多心血。女儿的成长过程让我不断学习与收获，她乐观、开朗、逗趣的性格也深深感染了我，每每听她哼着《小美满》这首歌，我就觉得很幸福，也能感受到生活与工作中的小美满。

　　"路漫漫其修远兮，吾将上下而求索"，我将在今后的工作、学习、生活中继续努力，不断进步！最后，祝愿所有人都幸福安康！

莫冬燕

2024 年 5 月于师道斋